JEAN RAYMOND 1966

LES VACANCES D'UN ACCOUCHEUR

TROIS SEMAINES

D'EXCURSIONS EN VELAY

ET EN VIVARAIS

EN 1880

PAR

M. LE Dr BAILLY

PROFESSEUR AGRÉGÉ A LA FACULTÉ DE MÉDECINE DE PARIS

PARIS

TYPOGRAPHIE A. HENNUYER

7, RUE DARCET, 7

1881

TROIS SEMAINES

D'EXCURSIONS EN VELAY

ET EN VIVARAIS

EN 1880

LES VACANCES D'UN ACCOUCHEUR

TROIS SEMAINES

D'EXCURSIONS EN VELAY

ET EN VIVARAIS

EN 1880

PAR

M. LE Dr BAILLY

PROFESSEUR AGRÉGÉ A LA FACULTÉ DE MÉDECINE DE PARIS

PARIS

TYPOGRAPHIE A. HENNUYER

7, RUE DARCET, 7

1881

TROIS SEMAINES
D'EXCURSIONS EN VELAY
ET EN VIVARAIS
EN 1880

PREMIÈRE SEMAINE
DE SAINT-CHAMOND A PRIVAS

A M. LE Dr LESCHEVIN, A PARIS

Jasserie du Pilat (Loire), 10 août.

Vallée de la Saône. — La vallée et le Saut-du-Gier. — La Jasserie du Pilat.

Je vous ai tenu parole, mon cher confrère; l'an passé, à mon retour d'Auvergne, je vous ai promis, pour cette année, un voyage en Velay et en Vivarais, et depuis ce matin me voici en pleine région des Cévennes. Le beau temps avait ramené chez moi la nostalgie des montagnes, j'éprouvais des inquiétudes dans les jambes et sentais que, si je voulais réaliser mon projet, le moment de partir était venu. En conséquence, hier, 9 août, m'étant assuré que la profession me laissait quelques loisirs et que j'aurais peu d'engagements à protester, je me suis fait descendre Azor, qui depuis un an s'ennuyait dans son grenier, et, l'ayant rempli de toutes les choses nécessaires à un voyage de trois semaines, m'acheminais, le cœur léger, vers la ligne de Lyon, chemin le plus court pour gagner la vallée du Gier, par laquelle je comptais aborder la chaîne des Cévennes.

En touriste prudent, qui ne veut ni faire de pas inutiles ni omettre un site important, j'avais étudié avec soin la contrée que j'allais parcourir, et de cette étude préalable était résulté pour moi un profond sentiment de découragement et de tristesse. Cet aveu vous surprendra, car vous vous expliquez difficilement qu'une pensée triste pût se faire

1

jour dans ce moment. « Comment, direz-vous, vous aimez la géologie, et vous allez parcourir un pays d'un intérêt incomparable sous ce rapport; vous aimez l'agriculture, vous verrez le Pradel, le domaine d'Olivier de Serres, les champs qu'il a cultivés, la maison dans laquelle ce grand homme a écrit son immortel *Théâtre d'agriculture*, et vous êtes triste! Vous aimez la nature, les montagnes, vous verrez cent merveilles faites pour charmer le touriste le plus exigeant, et vous êtes triste! Décidément, je ne vous comprends pas. » Eh bien, mon cher ami, c'est précisément la multiplicité de ces belles choses qui m'embarrassait, c'est la difficulté de combiner un itinéraire me permettant d'aller partout et de tout voir en trois semaines qui causait mon découragement et ma tristesse. On vous a raconté l'histoire de cet enfant qui, mis en face d'une table splendidement servie, éclate en sanglots et donne les signes du plus violent désespoir. On l'entoure, on cherche la cause de ses larmes, on le questionne : « *Je ne pourrai pas manger de tout,* » répond l'ingénu. Moi non plus, je ne pourrai aller partout et tout voir, me disais-je avec tristesse en parcourant l'interminable liste des beautés naturelles du Vivarais et du Velay. Eh bien, si, morbleu, j'irai partout et verrai tout! Il ne sera pas dit que j'aurai délaissé d'aimables clientes, fait cent cinquante lieues pour venir jusqu'ici, sans que j'aie profité de mon absence aussi complètement que possible. Je multiplierai les marches et les contremarches, je prendrai le chemin de fer, des voitures, je louerai des ânes (je n'aime pas le cheval, animal quinteux, bête et puant), mais je ne passerai, sans l'aller voir, à proximité d'aucune des belles choses que renferment les deux départements de l'Ardèche et de la Haute-Loire. Comme vous allez vous en convaincre, je ne me suis guère écarté de mon programme.

- C'est encore à vous, mon cher Leschevin, que j'envoie cette troisième relation de voyage, n'ayant aucune raison de l'adresser à un autre. Vous êtes en effet pour moi un correspondant commode; vous me laissez causer phonolithe et basalte tout à mon aise; vous écoutez, sans trop vous plaindre, mes dissertations philosophiques ou agricoles, et je trouve en vous un critique, somme toute, assez bienveillant, malgré les réflexions désobligeantes dont vous assaisonnez parfois vos jugements. Pour votre gouverne, vous ferez bien de me les épargner cette année; surtout ne me dites plus que mon style sent le commis voyageur, je ne suis pas d'humeur à le supporter plus longtemps et me verrais forcé d'envoyer ma prose à notre ami, le grand X., qui ménagerait mieux mon amour-propre d'écrivain. Ainsi, c'est convenu, vous éviterez désormais les expressions malsonnantes, restant d'ailleurs libre de jeter mes lettres aux vieux papiers, si leur lecture vous ennuie.

Me voilà donc, la nuit dernière, emporté à toute vapeur vers la ville de Lyon, où j'arrivais ce matin à cinq heures. Depuis une heure l'aurore, puis le jour, éclairaient la campagne, et je pouvais admirer la vallée de la Saône que nous suivions. Quelle fertilité, quelle végétation puissante, quelles productions variées ! J'en étais surpris : de riches cultures, des vignes d'un développement étonnant, des vergers sans nombre et chargés de fruits, voilà ce qu'on trouve de chaque côté de la voie en traversant le Mâconnais. Cette contrée, mon cher ami, c'est la Touraine et l'Anjou de la France de l'Est ; je n'affirmerais même pas qu'elle ne surpassât ces deux provinces par sa production agricole et sa richesse. Auprès de Macon, le paysage commence à grandir ; la vallée s'élargit et se trouve au loin sur la gauche, longée par le Jura, dont le profil se dessine dans toute son étendue ; à droite, elle est bordée par le Plateau central, sur lequel j'allais m'élever dans quelques heures. Ces horizons sont fort beaux, et quand le soleil resplendissant du matin vient réjouir le cœur du voyageur et réchauffer son enthousiasme, on se sent bien vite pénétré d'une ardeur capable de résister aux plus rudes fatigues.

Ma station à Lyon fut courte ; dès six heures un train de Saint-Étienne me faisait côtoyer le Rhône jusqu'à Givors, puis, quittant brusquement le fleuve, gagnait les hauteurs de la rive droite par la vallée du Gier. Ce que cette vallée renferme d'établissements métallurgiques et de houillères, vous ne sauriez le croire ; c'est une succession ininterrompue de hauts fourneaux, de fonderies, d'usines d'affinage ; les wagons de charbon de terre, de coke et de minerai, couvrent l'espace laissé libre par les hangars. C'est à croire que Vulcain, quittant les enfers, a transporté ses ateliers dans la vallée du Gier. Ce développement industriel prodigieux tient aux conditions particulièrement favorables que rencontre la production du fer dans cette vallée, la nature ayant réuni le charbon et le minerai sur le même emplacement, quelquefois dans le périmètre du même établissement ; aussi toutes ces usines travaillent, prospèrent, et cette prospérité rejaillit sur la population, qui a décuplé en l'espace de quelques années. Des villes populeuses comme Givors, Couzon, Grand'Croix, Rive-de-Gier, Saint-Chamond, Terrenoire, etc., simples villages il y a trente ans, se suivent, se pressent, se confondent maintenant. Quelle masse incroyable de fer se fabrique là chaque année !

On en voit des montagnes, et l'on s'étonnerait que ce métal trouvât à être utilisé, si l'on ne savait quelle extension a prise, depuis quelque temps, la consommation du fer. Malgré moi, j'étais amené à réfléchir aux destinées diverses de toutes ces barres métalliques amoncelées auprès du Gier. Le plus grand nombre d'entre elles serviront à d'humbles usages ; ce seront des rails de chemins de fer, des essieux, des pièces de charpente, etc. D'autres, plus faciles à compter, sont réservées à des emplois plus nobles ; quelques-unes, devenues des lames tranchantes, armeront la main du chirurgien ou du guerrier ; peut-être vois-je en elles les céphalotribes et les forceps de l'avenir. Cette gueuse informe (fonte brute), transformée en fins stylets, produira, dans la main d'un Henriquel-Dupont, d'un Willmann ou d'un Lamotte, les plus beaux chefs-d'œuvre de la gravure moderne ; ou bien, convertie en plumes métalliques, confiera au papier les plus hautes spéculations de la science et de la philosophie. De ce triste lingot, l'art du joaillier saura tirer la croix bretonne dont une jeune fille ornera son sein, etc. ; absolument comme dans la société, où la plupart des hommes sont voués à d'obscures fonctions, tandis qu'un petit nombre seulement est appelé par son intelligence, son savoir ou ses talents à rendre d'éclatants services.

A dix heures je débarquais à Saint-Chamond, simple chef-lieu de canton du département de la Loire, qui néanmoins compte aujourd'hui 20 000 habitants. Ici encore l'industrie du fer, à laquelle s'ajoute celle des tissus, a déterminé ce chiffre élevé de population. A mon arrivée Saint-Chamond était en liesse ; la veille, la fanfare de la ville avait remporté le prix d'honneur à un concours musical des environs, et la joie d'un pareil triomphe remplissait tous les cœurs. On se pressait en foule devant la boutique d'un papetier, pour y admirer les palmes en cuivre doré constatant la supériorité de la fanfare saint-chamonaise sur ses rivales ; c'était une animation indescriptible. Je retrouvais là les mœurs de nos villes de province, où le moindre fait troublant la quiétude habituelle des citoyens prend de suite les proportions d'un grave événement.

Déjeuner et me procurer un guide fut l'affaire d'une demi-heure, tant j'avais hâte d'être en marche vers les montagnes. Celle à laquelle je consacrais cette première journée était le mont Pilat, un des principaux chaînons des Cévennes, et l'un des plus visités à cause des villes importantes qui l'entourent ; on y va beaucoup, en effet, de Lyon, d'Annonay, de Saint-Étienne, etc. Entre les différentes voies qui s'offraient à moi pour le gravir, j'avais choisi celle de Saint-Chamond, parce qu'elle plaçait sur mon chemin le Saut-du-Gier, cascade de mérite, dont la course aurait exigé au moins une demi-journée, si mon ascension se fût faite d'un autre côté. A onze heures j'étais en route pour Saint-Martin-en-Coailleux, me dirigeant vers le Pilat avec mon guide. Dès ma sortie de la ville, je rencontrai des grès houillers, et voulus grossir mon musée de quelques spécimens de cette formation intéressante; je pus également l'enrichir des schistes satinés très brillants dont est formé le terrain. Ces schistes servent à l'empierrement des routes, et celles-ci scintillent d'une façon très singulière quand les rayons du soleil se réfléchissent sur les innombrables paillettes de mica qui entrent dans la composition de ces roches.

Pour ménager mes forces, j'avançais d'abord avec lenteur; comme Saint-Chamond n'est qu'à 200 mètres au-dessus de la mer, que le Pilat dépasse 1 400 mètres d'altitude, c'est, comme vous le voyez, une hauteur de 1 200 mètres répartie sur un trajet de 20 kilomètres, dont j'avais à m'élever dans cette journée, aussi les temps d'arrêt furent-ils fréquents. Je trouvais d'ailleurs à les utiliser par la vue du très beau pays qui m'entourait. La vallée du Gier forme, auprès de Saint-Chamond, un bassin entouré de montagnes élevées, qui, vu la beauté du ciel aujourd'hui, ne se montraient qu'au travers d'une atmosphère azurée, d'un charme infini pour l'œil. Que c'est différent des tons grisâtres dont s'enveloppent les sites lointains dans nos provinces du Nord ! Que c'est plus doux, plus attachant! Le regard s'y fixe pendant des heures entières, et quand l'heure du départ vous arrache à ce spectacle, on regrette de ne pouvoir regarder encore.

Le chemin de plus en plus élevé qui, de Saint-Martin, conduit au Pilat, domine constamment la vallée du Gier ; dans sa partie supérieure, cette vallée est restée l'œuvre de la nature : là, plus de cheminées vomissant des nuages d'une noire fumée, plus de marteaux dont le bruit éveille ses échos, plus de poussière de charbon qui ternisse la verdure de ses prairies, plus rien qui altère sa fraîcheur et sa grâce naturelles; çà et là quelques villas bien entretenues ; un seul village, la Valla, s'y rencontre, en partie caché par un tertre gazonné. Un peu au-dessous de ce village on aperçoit un beau travail ; un mur de trente mètres de hauteur barre entièrement la vallée et la convertit en un réservoir de plus de deux millions de mètres cubes, destiné à alimenter d'eau en tout temps la ville et les usines de Saint-Chamond ; sans ce travail elles en manqueraient pendant l'été. Ce barrage du Gier n'est pas du reste le seul qu'on ait construit par ici ; plusieurs torrents descendus du Pilat, le Ternay auprès d'Annonay, le Furens à Saint-Étienne, ont vu leurs eaux retenues de la même manière pour les besoins des populations et de l'industrie. Ce sont là, mon cher ami, les monuments qui me séduisent, parce que, malgré le travail de l'homme, c'est encore et surtout la main de la nature qui apparaît dans ces œuvres utiles.

Vers une heure les pentes du Pilat nous apparaissaient avec leur rempart de forêts; les montagnes schisteuses du premier plan nous les avaient d'abord cachées. Ces montagnes sont si hautes elles-mêmes, que, du côté du nord, le Pilat ne forme pas au-dessus d'elles un relief bien considérable, et il faut en être assez près pour le voir. Le chemin nous avait conduits au hameau du Planil, bâti près d'un col que mon guide, quelque peu braconnier comme la plupart des montagnards, me désigna comme étant le théâtre de ses chasses aux ramiers, une des plus amusantes du pays. Ce col est l'aboutissant de deux vallées dont l'une se dirige vers l'ouest, tandis que l'autre s'incline vers l'est; c'est par cette dernière qu'arrivent, en septembre et en octobre, les colonnes pressées des ramiers qui émigrent vers le sud. Avant le jour les chasseurs sont postés sur l'échancrure de la montagne et attendent les oiseaux; ceux-ci commencent à paraître avec le jour, se dirigeant vers le col, où une décharge générale en abat quelques-uns. Le passage dure jusqu'à dix heures, cesse au milieu du jour et reprend depuis quatre heures jusqu'à la nuit. Mon guide, qui paraît être bon tireur, a quelquefois vingt-cinq à trente pigeons pour sa part à la fin de la journée et place le produit de sa chasse chez les marchands de Saint-Chamond ou le cède, moyennant finance, à des compagnons moins heureux, qui tiennent à faire une rentrée honorable en ville. Ce diable d'homme, avec ses récits, me remuait le cœur violemment et ravivait ma vieille passion de chasseur, si somnolente pourtant depuis quelques années.

Dans la crainte qu'il ne la rallumât trop complètement, je le pressai de me conduire au Saut-du-Gier, auprès duquel nous étions rendus à quatre heures; c'est un site superbe, qu'il est impossible de négliger quand on va au Pilat. Là des éboulements du granite ont transformé le versant de la montagne en une falaise à pic de 150 mètres d'élévation, que surmonte une crête dentelée de l'effet le plus pittoresque. Le noir feuillage des sapins encadre la falaise; à ses pieds sont amoncelés des blocs de toutes grosseurs et en quantité si prodigieuse, qu'on y trouverait les matériaux nécessaires à la construction d'une grande ville. Le Gier, bondissant à travers la forêt, arrive à la falaise et y forme deux cascades superposées. La chute inférieure, la seule qu'on aperçoive d'en bas, peut avoir une trentaine de mètres de hauteur, mais au-dessus d'elle et à 10 ou 15 mètres en arrière s'en trouve une autre, d'environ 20 mètres, qu'on ne voit bien qu'en s'élevant à son niveau dans la forêt. Malgré le faible volume des eaux au mois d'août, cette cascade est d'un bel effet, et la négliger eût été de ma part une omission regrettable.

Quand, après avoir pris connaissance du Saut-du-Gier, on cherche le cours ultérieur du torrent, on est surpris de ne plus en trouver trace. Qu'est-il devenu ? Ce qu'il est devenu, l'oreille va vous l'apprendre ; il se dissimule sous une épaisse couche de décombres à travers laquelle le murmure de l'eau permet de suivre la direction du courant ; deux ou trois fois on le voit reparaître, puis se cacher encore. L'humidité de ses rives favorise le développement d'un certain nombre de plantes, parmi lesquelles je vous citerai les suivantes : *alchemilla alpina* et *hybrida, hypocheris maculata, phyteuma hemisphericum, trifolium alpinum, oxalis acetosella, galium saxatile, circea alpina, polypodium dryopteris* et *calcareum, serratula alpina, campanula linifolia, prenanthes purpurea,* etc. Je suis très fort sur tous ces noms, grâce à l'obligeance d'un ami botaniste, qui a déterminé mes plantes ; mais si je n'ai pu les dénommer toutes, j'ai eu du moins le mérite de les recueillir, de les sécher et de les porter sur mon dos pendant 300 kilomètres ; c'est un mérite que vous auriez eu du mal à vous donner, convenez-en !

Une heure d'une montée pénible nous fit traverser la ceinture forestière du Pilat ; nous nous trouvâmes alors sur un plateau découvert, et une demi-heure après arrivions à la Jasserie, ferme-auberge qu'on rencontre presque au sommet de la montagne. Cet établissement hybride n'était à l'origine qu'une vacherie ou un buron ; les touristes ne trouvant sur le Pilat ni cabaret ni auberge, force leur était d'aller frapper à la porte de la Jasserie et d'y demander à souper et à coucher, quand le mauvais temps les empêchait de redescendre en sûreté au Bessat. Cette hospitalité était bien payée, et le fermier, trouvant son compte à ce métier, se pourvut de provisions de bouche et installa dans un des bâtiments quelques lits, dont le nombre fut progressivement porté à dix-huit. Ces lits contenant aisément trois enfants ou deux adultes, vous voyez que la Jasserie peut aujourd'hui loger un nombre respectable de voyageurs. Les bâtiments de la ferme n'ont d'ailleurs rien que de très modeste ; ce sont des constructions rurales solides, un peu lourdes, entourant une cour rectangulaire ; la seule chose pittoresque qu'on y voie, c'est une tour carrée haute de quinze mètres, avec une grosse cloche qui sert à rassembler le personnel de la Jasserie aux heures des repas et qu'en temps de brume on fait tinter pour sortir d'embarras un voyageur égaré dans la forêt. La Jasserie est aujourd'hui une auberge fort bien achalandée pendant l'été, et dans cette saison on vient y faire des séjours d'une semaine et plus. C'est surtout dans les villes et les départements voisins que se recrute la clientèle ; un étranger, un Parisien surtout, y est une rareté, *rara avis*. J'ai trouvé, installés ici depuis plusieurs jours, un ménage de Saint-Rambert avec ses cinq enfants, plusieurs familles moins nombreuses, quelques célibataires, en tout une vingtaine de personnes. Des promenades dans la forêt, la récolte des airelles et des framboises sauvages, les occupations champêtres, des courses aux pics voisins, de petits voyages dans les villages de Pélussin, Graix, le Bessat, Saint-Julien, Colombier, récréent les enfants et remplissent les journées. Le soir on dîne en famille, chaque ménage, chaque voyageur, étant servi à part dans une salle à manger commune. Grâce à l'intimité qui s'établit facilement entre personnes vivant sous le même toit à la campagne, on a bien vite fait connaissance avec ses voisins, les conversations se croisent d'une table à l'autre, et ces repas sont fort gais. L'habitude de ces déplacements fait, suivant moi, l'éloge des Cévenols ; ils sentent qu'ils ont chez eux une belle chose et ils en usent ; on paraît même considérer ici la montagne et la Jasserie comme la propriété exclusive des personnes du pays, et j'ai trouvé parmi mes compagnons peu d'obligeance pour un étranger.

Pour être devenue une auberge, la Jasserie n'en est pas moins restée une ferme, avec le personnel et les troupeaux nécessaires à son exploitation. Si, le soir, on met le pied dans la cour, on est aussitôt entouré par soixante vaches, vingt-cinq chèvres et quelques moutons, qui sont rentrés bêlant, beuglant, des herbages à la tombée de la nuit. L'élevage du bétail représente en effet tout le travail et tout le revenu de la Jasserie, et, sauf le jardin, on n'y cultive pas un pouce de terrain. L'agriculture qu'on y fait est donc exclusivement pastorale, c'est-à-dire que c'est l'agriculture la plus simple, la plus économique, et en somme la plus avantageuse de toutes. Cette première journée de marche m'a fatigué, mon cher confrère, il est déjà tard, permettez-moi donc de vous souhaiter le bonsoir.

La source du Gier. — Le plateau et les sommets du Pilat. — Le crêt de la Perdrix. — La vallée du Riotet.

Comme je le craignais un peu, mon cher ami, j'ai passé une mauvaise nuit à la Jasserie; malgré l'altitude du lieu et la fraîcheur des nuits, les hussards noirs y pullulent et m'ont trop souvent forcé à leur donner la chasse. Je ne connais rien de plus irritant pour un homme fatigué que de se sentir réveillé toutes les demi-heures par la morsure brûlante de ces maudits insectes, que Dieu semble n'avoir mis sur terre que pour exercer la patience de l'homme. Ce début promet pour la suite de mon voyage, et cette année encore je vais avoir à purger les lits d'auberges de la vermine qui s'y trouve. Ce matin je me plaignis (plainte bien superflue d'ailleurs), au fermier-aubergiste de la Jasserie, des compagnons désagréables qu'il m'avait donnés cette nuit; à quoi cet homme me répondit très tranquillement que la chose n'avait pour lui rien d'étonnant, mon lit ayant été occupé quelques jours auparavant par deux jeunes filles, et « les femmes étant plus que les hommes sujettes à avoir des puces. » Est-il vrai que les puces aient une préférence marquée pour le beau sexe? Ce serait du moins une preuve de bon goût chez ces petites bêtes. Quoi qu'il en soit de cette assertion, j'en laisse l'entière responsabilité à son auteur, n'ayant ni l'intention ni les moyens d'en contrôler la justesse.

A mon réveil le Pilat était couvert de brumes, et ces brumes le couvraient déjà pendant la nuit; sans cela la cloche de notre campanile se serait fait entendre à trois heures pour réveiller les voyageurs qui veulent aller voir le soleil se lever sur les Alpes. Cette promenade nocturne est une des distractions de la Jasserie, et, par un temps clair, je serais certainement allé jouir de ce spectacle, qu'on dit fort beau. A sept heures je sortais pour aller voir de près la source du Gier, qu'on rencontre à deux cents mètres de la ferme; elle est le produit des eaux qui tombent annuellement dans le périmètre d'un cirque large de 1 500 mètres et viennent sourdre au fond de l'entonnoir. Une source abondante sur une montagne, c'est là un fait inouï sur nos collines du nord, dont le sol perméable permet la facile infiltration des eaux; dans les montagnes granitiques, au contraire, les sources sont communes à toutes les hauteurs; l'eau des pluies, des neiges, imprègne les couches superficielles, glisse à la surface du granite et vient se faire jour dans les points où il affleure. C'est ainsi que le Gier sort de terre sur le haut plateau du Pilat ; il jaillissait autrefois avec une certaine force d'un gouffre profond, mais comme plusieurs fois des animaux de la ferme s'y sont noyés, on l'a recouvert de bois et de pierres, sous lesquels la source se trouve cachée aujourd'hui. De ce point le Gier se dirige vers le nord par une échancrure de sa cuvette, traverse la forêt, où il se grossit de quelques affluents, et bondit jusqu'à la falaise du haut de laquelle je l'ai vu se précipiter hier.

A neuf heures je rentrais me coucher, voulant, par quelques heures de sommeil, réparer ma mauvaise nuit. Je dormais depuis une heure à peine quand des coups secs frappés à ma porte me réveillèrent, et presque aussitôt la servante de la maison entra dans ma chambre où sa maîtresse, me dit-elle, l'envoyait voir « si *par hasard* je n'étais pas parti. » On m'avait vu sortir le matin, mais non rentrer, et la fermière, inquiète pour sa recette, s'assurait que je n'avais pas levé le pied sans acquitter ma dépense. Ce soupçon n'avait rien de flatteur pour moi, mais mon extérieur le justifiait. Voilà pourtant, mon cher ami, ce que c'est qu'être « fait comme un voleur », on vous prend pour un voleur et l'on vous surveille de près. En toute autre circonstance j'aurais bien ri de mon aventure, mais pour l'instant je ne riais pas du tout ; me sentir privé par cette cause d'un repos dont j'avais tant besoin me rendit furieux, et je donnai à tous les diables l'aubergiste et sa servante, qui partit chargée de mes malédictions. Sans doute la fermière fut rassurée, mais, moi, j'avais perdu mon sommeil, et il me fut impossible de le ressaisir. A onze heures je m'habillai donc pour la seconde fois et descendis à la salle à manger, où la plupart des pensionnaires de la Jasserie se trouvaient déjà réunis ; je déjeunai et après avoir pris une copieuse tasse de café, qui double mes facultés de marcheur, m'acheminai vers le crêt de la Perdrix, point culminant du Pilat (1 434 mètres d'altitude). C'est un cône nu, très surbaissé et jonché de grosses pierres nommées *chirats* dans le pays ; on ne s'en explique pas la provenance, dit A. Joanne ; on les a regardées comme les débris d'une ville ruinée, d'un camp romain, etc... Je ne vois pas, quant à moi, ce que l'origine de ces blocs a de si embarrassant, et leur présence s'explique, à mon sens, de la façon la plus aisée ; ils sont certainement le produit de la démolition d'un gros rocher qui couronnait autrefois le crêt de la Perdrix et que les agents atmosphériques ont peu à peu morcelé et renversé. Quelques coups de marteau distribués parmi ces blocs font bien vite voir qu'ils sont formés du même granite blanc moucheté de noir et très dur dont se compose la masse entière du Pilat. Si l'on se donnait la peine de les enlever, on retrouverait à coup sûr au-dessous d'eux la base du rocher primitif dont ils sont les débris.

Du crêt de la Perdrix, mon cher confrère, on prend une vue d'ensemble assez satisfaisante du Pilat ; on voit alors que cette montagne forme, au milieu des schistes de la contrée, un gros îlot granitique à contours sinueux, allongé de l'est à l'ouest et mesurant dans ce sens cinq à six kilomètres ; moins épais dans son diamètre nord-sud, qui ne dépasse pas deux kilomètres sur le plateau supérieur. Ce plateau est entièrement nu ; c'est une prairie relevée de trois principaux sommets : 1° le crêt de la Perdrix, à l'extrémité occidentale du plateau ; le crêt de l'Aillon (1381 mètres) au milieu, et tout à fait à l'est, le pic des Trois-Dents (1 365 mètres). Ce dernier est séparé du massif principal par une légère déclivité ou par un col ; de son sommet on voit bien la vallée du Rhône et les Alpes du Dauphiné. Pressé par le temps j'ai le regret de n'avoir pu aller jusque-là ; cette omission toutefois n'a rien de bien fâcheux pour moi, les occasions de voir la vallée du Rhône et les Alpes du haut des montagnes du Vivarais ne pouvant me faire défaut ces jours-ci.

Du crêt de la Perdrix la vue est fort étendue, à l'ouest, sur le Velay (département de la Haute-Loire) ; c'est, aussi loin que le regard peut atteindre, une succession de buttes et de cônes de toutes les dimensions. Naturellement je n'étais pas en mesure de me reconnaître parmi ces pics si nombreux et si variés d'aspect, mais n'éprouvais pas autrement le besoin d'en connaître le nom et la position géographique ; l'ensemble était beau, très beau, c'était assez pour satisfaire mon ambition du moment.

J'étais depuis une demi-heure assis sur le *chirat* le plus élevé et plongé dans une muette admiration des lointains bleuâtres du Velay, quand je m'entendis héler par une voix partant derrière moi ; m'étant retourné, je fus assez surpris de voir, trente mètres plus bas, un cocher en manches de chemise, en gilet de livrée, et tenant à la main les insignes de sa charge, c'est-à-dire un long fouet. Un cocher au sommet du Pilat, c'est bien la dernière personne que je me serais attendu à y voir ; c'était là une facétie du sort, une de ces histoires comme il n'en arrive qu'en voyage. Mais que diable cet automédon venait-il faire au Pilat avec son fouet et sa livrée ? Avait-il par hasard la prétention de faire gravir à son équipage le crêt de la Perdrix ? C'eût été de sa part une prétention un peu outrée. Je m'enquis des motifs de sa présence sur la montagne, et, comme il me l'apprit, ces motifs n'avaient rien que de très naturel. Dans la matinée, il avait conduit ses maîtres déjeuner au Bessat, chez des amis, et après avoir remisé chevaux et voiture dans une auberge du village, cet homme, comme moi amant passionné de la nature, avait utilisé ses loisirs en montant au crêt de la Perdrix. Il m'eût bientôt rejoint, et me fit, relativement au Pilat, une série de questions auxquelles je pus répondre. Il fut si satisfait de ma petite leçon de géo- logie, qu'en cocher bien appris il s'empressa de m'offrir la goutte ; la goutte, heureusement pour moi, car j'étais pressé de partir, se trouvait à trois kilomètres, et je fis comprendre à mon nouvel élève que la longue traite qui me restait à faire aujourd'hui m'interdisait une perte de temps aussi considérable. Nous passâmes une demi-heure ensemble sur les chirats, puis nous nous séparâmes, lui pour rentrer au Bessat, moi pour me diriger vers Bourg-Argental en passant par Graix. Mais, grave difficulté, comment trouver la direction de ce village ? J'étais seul, pas d'indications, pas de routes ; à mes pieds une zone de forêts large de deux à trois kilomètres, sillonnée de larges ravins ; j'étais fort embar- rassé, et à ma place vous l'eussiez été tout autant. Dans ces moments d'incertitude, au sein d'une région aussi tourmentée que le sont les Cévennes, et absolument inconnue pour lui, un voyageur dans ma posi- tion ne se sent pas rassuré et commence à maudire la passion des voyages. Grâce à une faculté d'orientation qui doit provenir de ma vie sauvage d'autrefois, je fus assez heureux pour choisir entre toutes ces gorges celle qui marque l'origine de la vallée de Graix. J'en eus la con- firmation quand, au sortir de la forêt, je pus me renseigner auprès de villageois occupés à faner leur foin. Je ne m'étais pas trompé, j'étais dans la bonne voie, et, en suivant le vallon, devais arriver assez vite à Graix. Malgré l'inquiétude du premier moment, je n'avais pu refuser un regard admiratif aux grands sapins qui couvrent les pentes du Pilat : quelle ampleur, quelle puissance, quelle majesté dans cet arbre si haut, si droit, si bien campé sur sa base ! Quelle variété dans le monde végétal ou animal qui se donne rendez-vous dans son épais feuillage ! Mousses et lichens de vingt espèces végètent sur son tronc, les insectes s'agitent dans ses feuilles et sous son écorce, et dans ses rameaux vol- tigent des oiseaux à la poursuite des insectes ; la grande tribu des mammifères s'y trouve elle-même représentée par l'écureuil, le loir, le lérot, qui y établissent leur nichée et, dans un pressant danger, vont y chercher un asile. C'est tout un monde qu'un vieux sapin, mais un monde solitaire, sauvage, aimant à vivre loin des regards et du bruit. Ce n'est pas précisément votre monde, mon cher ami, à qui l'agitation et le tapage d'une grande ville sont nécessaires ; ce serait assez le mien, à moi, qui m'arrangerais de cette vie des bois.

Une heure de marche à travers un paysage superbe m'amenait à Graix ; je m'y reposai pendant quelques instants, en savourant un sirop jaunâtre qui avait la prétention d'être de la chartreuse, et pris ensuite la route de *Bourg-Argental*, où j'arrivais à sept heures du soir, fatigué par ma longue traite et par la forte charge de pierres recueillies le long de la route. Celle-ci, encore inachevée, serpente à mi-côte sur un versant qu'il a fallu entailler pour y créer une voie d'une largeur convenable. Tous les cent mètres, quelquefois moins, se dressent, au bord du chemin, des roches fraîchement ouvertes dont la nature varie presque à chaque place. Je ne puis vous énumérer toutes les variétés de granites, de schistes, de diorites, de gneiss, etc., que j'ai rencontrées sur cette route ; je ramassai un échantillon des principales d'entre elles, car pour emporter un spécimen de tout ce que j'ai vu là d'intéressant, il m'aurait fallu un cheval et un tombereau. Je n'avais même pas à préparer mes échantillons, je les trouvais tout faits et dans toute leur fraîcheur au pied du rocher.

La vallée du Riotet, que j'ai suivie ce soir, ne laisse rien à désirer, au point de vue pittoresque ; elle est ouverte au milieu des granites, et, vous le savez, les vallées de ces terrains sont d'une beauté incomparable sous ce rapport.

Bourg-Argental, mon cher confrère, doit son nom à des mines d'argent exploitées autrefois, mais abandonnées aujourd'hui à cause de leur faible produit. Ce chef-lieu de canton vit surtout de la production et du travail de la soie ; on y voit de nombreux ateliers de moulinage, qu'alimentent les mûriers des vallées voisines. La ville, petite et sans intérêt, est située au confluent de deux vallées si étroites et si profondes, qu'on ne soupçonne son existence que quand on y est entré. Ce n'est pas sans peine que j'ai réussi à me faire admettre dans l'une de ses auberges ; demain est un jour de marché, et dès la veille, cultivateurs et marchands des environs y affluent ; les lits leur sont réservés de droit, tant pis pour les étrangers s'il n'en reste plus pour eux. Enfin me voici casé, et cette nuit du moins, je ne coucherai pas dans la rue.

Fay-le-Froid (Haute-Loire), 12 août.

Vallée de la Déôme. — Montfaucon. — Tence. — Le pic de Lizieux. Les abords du Mézenc.

Je vous ferai observer, mon cher confrère, que depuis mon départ de Saint-Chamond j'ai déjà fait à pied 50 bons kilomètres de montagnes ; me sentant donc fatigué par ces deux rudes journées, et pressé d'arriver au Mézenc avant que le beau temps ait fait place à des brumes, je n'ai pas hésité à prendre ce matin le courrier d'Yssingeaux, qui m'a déposé à Montfaucon vers dix heures. La route remontait la vallée de la Déôme, vallée moins étroite que celle du Riotet, et portant des cultures sur ses pentes. En maints endroits pourtant celles-ci sont formées d'un roc nu où la végétation des grains et des arbres est impossible ; ces espaces stériles ne produisent que des genêts et des herbes courtes que les chèvres vont brouter. La vallée de la Déôme s'élève progressivement vers l'Ouest et, dans cette direction, se trouve suivie d'une autre vallée dans laquelle on passe au hameau du Tracol ; comme ce nom l'indique, il y a là un col que la route franchit à 1 060 mètres d'altitude. Le chemin de fer d'Annonay à Firminy, actuellement en construction, suit également la vallée de la Déôme et passe sous le Tracol par un tunnel de 2 600 mètres de longueur.

L'itinéraire de cette journée n'est pas celui que je m'étais proposé au départ ; j'avais alors formé le projet d'aller de Bourg-Argental à Saint-Agrève par les Bouttières, pour voir de près deux des principaux sommets de cette chaîne, le Piffara et le Grand-Felletin ; je vous ai dit comment la fatigue et la crainte d'arriver au Mézenc par le brouillard m'ont fait prendre une autre route. J'ai bien aperçu des hauteurs du Tracol les deux sommets en question ; mais, c'est égal, leur ascension manquée me laisse des regrets cuisants, et leur pensée m'a occupé l'esprit toute la journée. Comment vais-je supporter mon chagrin ? je me le demande avec inquiétude. Ne soyez pas surpris si l'on vous apprend que, quelques jours après mon retour, je suis reparti pour les Cévennes dans le seul but de gravir le Piffara et le Felletin.

Peu de chose à vous dire de Montfaucon, bourg assez triste, bâti sur un monticule auquel se rattache probablement quelque légende de faucon. Je retrouvai chez les femmes du pays la coiffure du Cantal, le petit chapeau de paille posé sur un bonnet ; pourquoi ce luxe de deux coiffures ? Une seule suffirait bien au mois d'août. Dans la soirée la voiture de Saint-Etienne à Saint-Agrève me fit avancer d'une douzaine de kilomètres dans la direction du Mézenc en m'amenant jusqu'à Tence; mais cela ne pouvait me suffire encore, je voulais pousser aujourd'hui jusqu'à Fay-le-Froid, et comme la distance qui sépare ces deux villes est assez longue, je louai à Tence une voiture qui abrégeait de moitié mon étape en me déposant à Saint-Voy, au pied du pic de Lizieux. En même temps que moi était descendu à Tence un brave garçon de Saint-Etienne, qui se rendait aussi à Fay-le-Froid, et m'avait en conséquence proposé de faire route ensemble; je le pris avec moi, et à quatre heures nous partions pour Saint-Voy. La route s'éleva de suite sur des collines étagées vers le sud, d'où l'on domine Tence et ses environs. Cette ville occupe le centre d'un bassin peu profond, mais très large, très vert, et très gai, quand on le voit par le beau temps que nous avions aujourd'hui. Tout à l'horizon, les sommets boisés des Bouttières dessinent une zone foncée au-delà de ce bassin. Pour l'instant le paysage se montrait encore doux et riant, le tableau sombre et morne allait bientôt paraître.

Nous n'étions pas à une lieue de Tence, que je remarquai au bord de la route des monceaux de basalte destinés à son empierrement; on les avait amenés d'une distance de 4 kilomètres, me dit notre conducteur, et probablement du pic de Lizieux, alors peu éloigné et bien en vue. Ce pic forme une belle montagne conique haute de 1 391 mètres, dont le relief frappe d'autant plus qu'aucune autre montagne aussi élevée ne se montre à proximité; c'est un très grand volcan et l'avant-garde, vers le nord-ouest, de ces innombrables puys volcaniques qui couvrent le Velay.

Au-delà de Saint-Voy notre conducteur, qui nous avait fait bonne mesure en nous amenant jusque-là, nous déposa sur la route et retourna chez lui, pendant que mon compagnon et moi emboîtions le pas dans la direction de Fay, dont 10 kilomètres nous séparaient. Tout en marchant mon voisin me conta ses petites affaires et m'apprit que depuis quatre ans il habite Saint-Etienne, où il est contre-maître dans une importante maison d'armurerie. Son voyage avait un motif plus triste que le mien, il allait à Fay voir son unique enfant, en nourrice chez les parents de sa femme; depuis deux jours il en recevait de mauvaises nouvelles, l'enfant avait la cholérine, et on le pressait d'arriver. « Qui sait si je le retrouverai vivant? me disait-il; ce serait le troisième deuil qui m'atteindrait cette année : j'ai perdu récemment ma mère et une sœur, et ces décès sont lourds pour le cœur et pour la bourse d'un ouvrier. » Bien entendu, mon cher ami, je combattais ces funestes pressentiments de mon mieux, mais sans grande conviction, sachant trop combien sont graves les accidents gastro-intestinaux chez les enfants nourris artificiellement pendant la première année. Cependant comme nous ne pouvions nous abstraire indéfiniment dans un sujet aussi pénible, nous parlâmes d'autres choses et causâmes un peu fusils, que son état mettait mon compagnon à même de bien connaître. J'appris ainsi par lui que les fusils dits *à inflammation centrale* sont des armes compliquées, délicates, exigeant d'incessantes réparations, et que les chasseurs du Forez s'en sont dégoûtés ; je l'avais, je dois le dire, un peu soupçonné à l'époque où je chassais. Pour M. Girard (c'est le nom du voyageur) le fusil à baguette est préférable, et de même le fusil à broche ou Lefaucheux. Il m'apprit encore que, contrairement à ce que j'avais cru jusqu'ici, des canons lisses et bien polis à l'intérieur favorisent la dispersion du plomb, que les rugosités d'un tube inachevé ont pour effet de rassembler la charge. Ainsi, mon cher confrère, faites profiter vos amis de ces renseignements, car vous n'en profiterez pas vous-même, dédaignant la chasse au moins autant que les voyages, deux exercices qui vous seraient pourtant si salutaires.

A mesure que nous approchions de notre but l'aspect du pays changeait complètement ; aux plaines verdoyantes ou boisées que nous avions traversées depuis Montfaucon, avait succédé un sol d'une nudité désolante : plus d'arbres, plus de cultures, plus de vertes prairies ; de maigres herbages, des bruyères, des surfaces ravinées, couvertes par places de blocs d'un noir profond, des rochers de même teinte, le silence, la solitude, voilà ce que nous trouvions en approchant de Fay-le-Froid. Ce sol a été ravagé autrefois par les puissances souterraines, et l'on sent que l'immense fournaise d'où sont sorties les laves qui couvrent le terrain ne saurait être bien éloignée. Le Mézenc, en effet, se dresse à 3 lieues de distance devant nous ; il est grand, imposant, écrasant de sa masse et de sa hauteur les sommets qui l'environnent, mais en même temps je le trouve sombre et triste ; cependant je suis heureux de le voir et de penser que je le gravirai demain.

A huit heures du soir, nous étions en vue du Fay et en apparence arrivés à sa porte ; ce n'était en effet qu'une apparence. Cette triste bourgade est située au sommet d'une butte fort élevée, et il nous fallut une grande demi-heure pour gravir la route sinueuse et rapide qui y conduit. Quel affreux séjour, et qu'il faut être abandonné du ciel pour se trouver condamné à y vivre ! En entrant dans le village, M. Girard, que j'avais un instant distrait de ses préoccupations, paraissait plus

vivement repris de ses inquiétudes; néanmoins il hésitait à s'instruire
d'un malheur dont il voulait douter le plus longtemps possible. Je suivais avec tristesse les combats qui se livraient dans ce cœur de père :
auprès du premier villageois que nous rencontrâmes, il s'enquit simplement si l'on connaissait les parents de sa femme ; par un second il
s'en fit indiquer la demeure ; à un troisième enfin il se décida à parler
de son enfant : depuis hier le pauvre petit est mort, on l'enterre demain
matin ; je compte assister à son convoi.

Après avoir serré la main de mon malheureux compagnon, je me mis
en quête d'un souper et d'un gîte, et, en cherchant bien, finis par découvrir à l'angle d'une rue l'enseigne d'une auberge tenue par un sieur
Perrot et de moins chétive apparence que les deux ou trois cabarets
trouvés à l'entrée du village. Je ne m'étais pas trompé, l'auberge était
la plus cossue et son propriétaire l'homme le plus important du bourg ;
c'était, s'il vous plaît, monsieur le maire de Fay-le-Froid. Quand j'entrai
il paraissait plongé dans la lecture de quelque communication administrative et répondit à ma demande de logement par un oui si lent, si
plein de réticences, qu'il ressemblait étonnamment à un non. Evidem-
ment il flairait un mauvais client et n'aurait pas mieux demandé que de
me voir frapper à la porte du voisin ; mais sa parole était donnée, il n'y
avait plus à reculer. Je demandai donc une chambre pour retirer mon
linge humide, ce qui me valut d'être conduit dans un affreux galetas
ayant pour tous meubles deux chaises renversées et un lit garni d'une
paillasse éventrée. Je trouvai bien l'installation un peu sommaire, mais
je suis maintenant si préparé à être mal logé partout, que je ne m'arrêtai
pas à ces détails, pensant d'ailleurs qu'avec un peu de bonne volonté
tout cela pouvait s'améliorer. Je fus bientôt prêt et descendis souper.
Tout en dégustant les fèves et la piquette du sieur Perrot, je fis savoir
à cet honnête magistrat que je comptais monter le lendemain au
Mézenc et le priai de me trouver dans le village un homme pour m'y
conduire et porter mon sac. Il accueillit ma demande avec obligeance
et me promit de me procurer un guide. Nous échangeâmes encore
quelques paroles, puis je lui souhaitai le bonsoir et, sous la conduite
de la dame Perrot, montai me coucher. Ce n'est pas sans surprise, mon
cher confrère, qu'après avoir traversé le galetas qu'elle m'avait attribué
d'abord, je fus introduit dans une chambre très propre où mes effets
étaient déjà déposés. Je ne m'expliquai pas de suite la cause d'un
changement aussi imprévu qu'avantageux, mais un peu de réflexion
m'en donna la clef. Il est évident qu'à mon arrivée on m'a pris, sinon

pour un mendiant, du moins pour un pauvre diable devant mal payer mon séjour à l'auberge, et que ce qu'il y a de plus mauvais dans la maison a été jugé assez bon pour moi ; mais entre temps j'ai causé, on sait que je suis un touriste, qu'il me faut un guide, que par conséquent j'ai des ressources pécuniaires ; on en prend plus d'estime pour ma personne, et le soir, à ma vive satisfaction, je me vois installé dans une chambre proprette, avec de frais rideaux et un lit confortable orné d'un couvre-pied brodé par la « demoiselle » de la maison. « Puissance magique du vil métal, ce sont bien là de tes coups ! Quelle différence dans la façon dont on accueille le riche ou le pauvre ! C'est inique assu- rément, mais c'est là une habitude aussi vieille que le monde, et que toutes nos institutions démocratiques auront du mal à réformer. »

Chartreuse de Bonnefoy (Ardèche), 13 août.

Le Mézenc. — Les Bouttières. — La Chartreuse de Bonnefoy.

Mon lit était aussi bon qu'élégant, mon cher ami, pas une seule puce dans les draps, j'espérais donc faire une excellente nuit ; malheureuse- ment je n'ai pu mettre à profit ces éléments de repos et de sommeil. Au bout de quelques heures la nourriture grossière et le mauvais vin du sieur Perrot commençaient à exercer sur mes entrailles leur œuvre perturbatrice, et à cinq heures du matin, n'y tenant plus, je me levai pour aller mettre fin à mes souffrances. A ma grande satisfaction, je trouvai toute la maison debout et priai le sieur Perrot de m'indiquer bien vite le *water closet* de sa maison. L'estimable bourgmestre parut embarrassé de ma demande et finit par m'avouer que ce genre d'éta- blissements est inconnu dans sa commune ; il ajouta que, comme ses administrés, j'étais libre d'aller faire une promenade autour de la ville, et là d'y choisir la place qui me conviendrait le mieux. Je me sentis, je l'avoue, un peu humilié de voir une ville française aussi attardée dans les voies de la civilisation et du progrès, mais après tout me consolai en songeant qu'il est telle ville d'Allemagne, et non des moins impor- tantes, où les choses à ce point de vue se passent exactement de la même manière qu'à Fay-le-Froid.

Puisque les incidents de mon voyage nous ont conduits à « cet ordre d'idées », permettez-moi, mon cher confrère, de vous présenter quel- ques observations critiques sur l'appellation de certains monuments que notre municipalité a fait élever en différents lieux de la capitale pour la plus grande commodité des Parisiens ; il en existe notamment sur la place de la Madeleine et à l'entrée des Champs-Elysées, *près de l'avenue* Gabriel. Ce sont d'élégants chalets à revêtement de marbre, sur le fronton desquels on lit : « Cabinets de toilette et de nécessités *publiques* ». Il est possible que cette suscription vous paraisse grammaticalement irréprochable, moi je trouve quelque chose à y reprendre. Sans aucun doute les cabinets sont publics, chacun peut y entrer pour son argent (à son tour cependant, s'il y a presse) ; mais, à mon sens, les nécessités et la toilette sont essentiellement privées, et j'aurais trouvé plus correct d'écrire : « Cabinets *publics* de toilette, etc. » Si vous goûtez cette correction, veuillez en toucher quelques mots à nos édiles, qui probablement feront droit à notre réclamation.

Après une absence d'un quart d'heure, je revins me coucher, mais mon repos fut court ; cette première atteinte n'était que le prélude de nouveaux orages, et dans la matinée je dus réitérer mes promenades dans la campagne. Ces différentes sorties eurent du moins ceci de bon qu'elles me firent voir les environs de Fay et le rocher sur lequel cette petite ville est bâtie ; c'est une butte de phonolithe colomnaire, à parois abruptes de tous côtés, et dominant d'une centaine de mètres la contrée environnante. C'était, aux temps anciens, une retraite sûre et l'emplacement désigné pour l'établissement d'une agglomération humaine, qui trouvait là, contre ses ennemis, une forteresse que la nature elle-même s'était chargée de fortifier. Telle fut sans doute l'origine de Fay, qui, une fois édifié, a subsisté ensuite malgré les *incommodités* de son séjour, parce qu'on ne déplace pas une ville d'Europe aussi facilement qu'une réunion de tentes arabes. La surface du rocher est assez vaste pour porter une grande ville ; le bourg de Fay n'en occupe que la pointe orientale, le reste est gazonné et fait partie du pré communal. Mais que les abords de ce rocher sont attristants pour l'œil, mon cher ami ! Aussi loin que la vue peut s'étendre, ce ne sont que des plaines ravinées, d'une nudité lamentable, et surmontées çà et là de masses basaltiques encore plus nues. Même sous le plus beau soleil, le cœur se serre en face de cette région désolée, d'où ne jaillit en aucun point la moindre lueur d'espérance et de gaieté. Vers le sud, le paysage est aussi morne, mais plus *grandiose* ; là se dresse, à huit kilomètres de distance, l'imposante masse du Mézenc, qu'on prendrait de loin pour un énorme four à briques ; il est carré comme ces derniers, et les sombres nuages qui tourbillonnent à son sommet, par leur ressemblance avec la fumée d'une fournaise, complétaient pour moi l'illusion : curieux, grand, mais triste, triste, ce tableau, et j'aspirais après des perspectives moins sombres.

Dans mes allées et venues à travers la ville j'eus l'occasion de faire connaissance avec le combustible du pays, plaques de gazon qu'on va lever dans les prairies pendant l'été, et qui, séchées au soleil, servent pendant l'hiver à défendre les habitants contre le froid très vif qui sévit sur ce plateau ; on m'assure qu'un feu de ce gazon entretient pour longtemps la chaleur des habitations. C'est fort bien, mais alors si l'on dépouille les prés pour en brûler l'herbe, de quoi donc vivent les troupeaux qu'on y promène ? Pour pallier cet inconvénient, chaque commune, m'a-t-on dit, va autant que possible lever ses mottes de gazon sur le territoire de la commune voisine ; mais comme le rapt est réciproque, on n'est pas plus avancé de part et d'autre que si dès l'abord chacun eût pris chez soi son chauffage. Ce sont bien là les tristes résultats du déboisement à outrance tel qu'il a été pratiqué en France depuis des siècles ! Voilà une région qui devrait être couverte de bois ; c'est la destination naturelle que son climat, son sol, sa topographie, lui attribuent ; eh bien, à force de dilapider ses anciennes forêts, on est arrivé à en faire un pays aussi laid qu'improductif, et ses rares habitants sont réduits à disputer à leurs bestiaux la maigre pâture qui subsiste encore sur ce sol dépouillé. Heureusement les inconvénients de ce système sont aujourd'hui compris, l'administration fait de louables efforts pour créer de nouveaux bois, et dans quelques années de vastes étendues plantées de sapins et d'autres essences forestières défendront le terrain contre les érosions, et garantiront la population des atteintes du froid.

Le village de Fay m'offrit un spécimen d'une industrie fort répandue dans tout le Velay, la fabrication de la dentelle ; elle occupe la plupart des femmes des villages et de la campagne. Ces femmes, dans la belle saison, se réunissent par groupes pour causer et travailler en commun. Elles ont sur les genoux une grosse pelote couverte d'un dessin qu'elles doivent reproduire ; quinze ou vingt bobines de fil blanc pendent autour de la pelote ; avec des épingles on trace la marche des fils, qui s'entre-croisent, se mêlent, se nouent, de manière à former une bande d'un tissu plus ou moins compliqué et élégant. Il y a quelques années, les Velaysiennes gagnaient huit et dix francs par jour à faire de la dentelle ; aujourd'hui elles s'estiment heureuses quand leur journée leur rapporte quarante sous.

J'ai trouvé chez les habitants du Velay un goût, partagé par leurs voisins du Vivarais, pour la décoration des appartements au moyen de papiers de couleurs. Des guirlandes de papier rose ou bleu s'entre-croisent sur le plafond des salles ; des festons, des draperies de papier couvrent les murs ou les meubles. Ce naïf ornement s'étalait dans toutes les maisons de Fay-le-Froid où j'ai pénétré. Quand c'est frais, ce n'est pas laid, mais avec le temps la poussière et les mouches salissent le papier, et mieux vaut alors l'entière nudité des murs.

Vous le sentez, mon cher ami, les événements de la nuit et du matin avaient porté une rude atteinte à mes forces, et je compris qu'avec ma disposition du moment tenter à pied l'ascension du Mézenc eût été une grande imprudence. Je m'empressai donc d'indemniser de sa course manquée le guide que M. le maire m'avait procuré et mis ce magistrat de nouveau en campagne pour me découvrir un âne assez robuste pour me porter au Mézenc. Il n'y avait pas à Fay d'âne disponible ; mais M. Perrot, que je trouvai rempli de bonne volonté, décida un de ses voisins, le sieur Alexandre Pranlas, à me louer sa jument pour la soirée, et à m'accompagner lui-même jusqu'à la Chartreuse de Bonnefoy, où je comptais passer la nuit. C'est ainsi qu'à deux heures de l'après-midi votre vieux confrère, remis en selle trente-cinq ans après sa dernière séance d'équitation, sortait gravement de Fay-le-Froid pour se rendre au Mézenc. Quelle figure je faisais sur mon bidet, avec Azor sur le dos et mon parapluie à la main, c'est ce dont, naturellement, je n'ai pu juger moi-même, mais, d'après l'hilarité provoquée par mon passage, elle devait être grotesque et digne d'être conservée par la photographie. Malheureusement les photographes ne font que de rares apparitions à Fay, il n'y en avait pas pour l'instant, et cette fois encore je ne puis vous adresser un portrait me représentant à cheval.

A trois heures j'arrivais, au pas de ma bête, à Chaudeyrolles, village situé dans un pli du terrain, au pied des premières pentes du Mézenc. Le pays avait d'ailleurs le même caractère de tristesse morne qu'auprès de Fay : même nudité, même silence ; sauf quelques champs de seigle et de pommes de terre assez bien venants dans les vallons, partout des andesstériles et sans arbres. Tout cela n'égaye pas le cœur, mon cher confrère, et il faut de la résolution pour poursuivre son voyage à travers une région aussi désolée. Cependant ceux qui y sont nés y vivent et s'y trouvent bien, affaire d'habitude ; j'aurais, je crois, du mal à m'y faire, malgré mes penchants vers la vie sauvage.

Après Chaudeyrolles la marche devint fort pénible (pour ma bête, bien entendu ; moi, je commençais à me faire au métier de cavalier et ne le trouvais pas désagréable). Le socle du Mézenc, bien que fort large, a des versants extrêmement rapides, et ce n'est pas sans peine qu'un cheval parvient, à travers les fondrières et les inégalités du sol, à enlever son cavalier jusqu'au pied de la montagne. Quatre à cinq cen's mètres d'altitude furent ainsi gagnés en l'espace d'une heure et demie, de sorte que c'est vers cinq heures seulement que mon cheval ne pouvant me hisser plus haut, je mis pied à terre pour achever mon ascension. Le Mézenc, mon cher ami, est une montagne lugubre, telle est en résumé l'impression qu'il m'a produite : une surface entièrement dépouillée, des rochers d'aspect sinistre autour desquels voltigent la crécerelle et l'épervier, le croassement des corbeaux livrant d'incessants combats aux oiseaux de proie, un vent violent battant ces nudités d'un bout de l'année à l'autre, voilà ce qu'on entend, ce qu'on voit, ce qu'on sent au pied du Mézenc ; mais quand on a atteint sa cime la scène change entièrement. Si la montagne elle-même et ses abords sont attristants, le panorama qui l'entoure est splendide. Au nord et à l'ouest, ce sont les innombrables pics du Velay, le Meygal, la ville du Puy et son bassin ; au sud, le lac d'Issarlès, les monts du Vivarais, gigantesques murailles dont les crêtes s'entre-croisent en tous sens. A l'est surtout c'est une vue d'une incomparable beauté sur la chaîne des Bouttières, qui se développe à vos pieds. Là se pressent, dans un désordre sans nom, une multitude de pics, de crêtes, de pentes nues ou boisées, de ravins profonds, de gorges étroites, qui se profilent en plans successifs jusqu'à ce que les derniers se perdent dans la brume ; et le tout enveloppé dans un azur si doux, si délicat, que le regard ne peut s'en détacher. « Du Mézenc jusqu'au Rhône, dit M. Bertrand Roux, les gorges des Bouttières escarpées, profondes, innombrables, déchirent en tous sens le sol granitique. Aux pieds de l'observateur s'élancent, du fond des abîmes, des rocs aigus, des crêtes tranchantes, des pics inaccessibles, affectant, dans leur décrépitude, les formes les plus étranges. » C'est un tableau de maître, mon cher ami, un admirable tableau que les Bouttières vues du Mézenc, et rien d'aussi beau ne s'était encore offert à moi. Au milieu de cette forêt de pics et de montagnes, le Gerbier-des-Joncs et le Suc-de-Sara attirent particulièrement l'attention par leur hauteur et par la bizarrerie de leur aspect, mais comme nous les verrons demain de plus près, je remets à vous en parler dans une autre lettre.

Que de belles et nobles choses renferme notre pays, mon cher ami, et que de jouissances à attendre des journées qu'on leur consacre ! Le

Jura, les Vosges, les Cévennes, l'Auvergne, autant de buts charmants de voyages, faits pour fortifier le corps, récréer les yeux et laisser dans l'esprit de précieux souvenirs. Ce n'est pas assurément la majesté des Alpes, c'est plus modeste, c'est la montagne de second ordre, mais elle est encore très attrayante et offre sur la grande cet avantage qu'elle ne tient pas le spectateur à distance, qu'on peut aller partout, voir de près, toucher du pied et de la main.

Je reprends, mon cher confrère, ma description du Mézenc que les splendeurs des Bouttières m'ont fait interrompre pendant un instant. Il s'étend de l'est à l'ouest sur une longueur de deux kilomètres environ, longueur qui se trouve réduite d'un tiers sur la crête de la montagne. Celle-ci, vue de profil, rappelle un peu la selle d'un cavalier ; on y voit d'abord, à l'ouest, un pic de 1754 mètres de hauteur formant le pommeau de la selle, puis une dépression du sol, qui se relève, à l'est, en une croupe presque aussi haute que l'autre sommet. Le Mézenc n'est accessible que par le sud ; des trois autres côtés il est bordé de précipices et soutenu par des pentes dont la raideur défie toute escalade. Le mont entier est formé d'une roche verdâtre, demi-vitreuse et tabulaire, c'est-à-dire de phonolithe, matière volcanique vomie à l'état pâteux, et, comme le Puy-de-Dôme, amoncelée sur la crevasse du globe par laquelle elle est sortie. Ce puissant amas phonolithique forme une masse d'un volume en somme fort respectable ; cependant, quand on est arrivé à sa base, on s'étonne de le trouver aussi réduit quand, vu de loin la veille, il paraissait si imposant et si large ; c'est qu'à son insu on fait abstraction du soubassement granitique, qui double ou triple son relief, et qu'à ce moment on a sous les pieds. Il en est du Mézenc comme de notre mont Valérien, qui serait un bien pauvre monticule si l'on supprimait la bordure de collines sur laquelle il est assis.

En montant au Mézenc, mon cher confrère, j'ai traversé les plantations que depuis quelques années l'État a formées à sa base pour remplacer les forêts détruites par la sottise des communes. Des pins, des sapins de différentes espèces ont été plantés au milieu des bruyères, mais jusqu'à présent ces essais de reboisement n'ont pas réussi. Le plant reprend bien, mais dès qu'il a dépassé le niveau des bruyères un coup de vent du nord détruit sa tête, et c'est à recommencer. Peut-être n'est-ce là qu'un accident qui tient au froid exceptionnel de nos derniers hivers, peut-être aussi n'a-t-on pas fait choix d'espèces assez robustes pour résister au climat.

Quand, après une station d'une heure sur le Mézenc, je vins reprendre ma monture, laissée en liberté sur le pré, la maudite bête n'eut pas plutôt vent de ma présence qu'elle me fixa d'un air féroce en montrant toutes ses dents, puis tournant la croupe de mon côté, se mit à lancer force ruades dans ma direction, comme pour me dire : « Approche, si tu l'oses, vieille bête, nous allons voir comment tu t'y prendras pour remonter sur mon dos. » La vérité est que, sans M. Pranlas, qui s'empressa de la calmer, je me serais bien gardé d'en approcher, et aurais continué ma route à pied. « Gracieux animal, va, plus noble conquête de l'homme, ai-je assez raison de détester ta race et de te préférer l'humble grison ? Lui du moins est un serviteur patient, il ne fait pas de façons pour accepter son cavalier, sans compter que les chutes sont peu dangereuses avec lui ; aussi est-ce un âne que j'emploierai à la prochaine occasion. »

À six heures pourtant, M. Pranlas aidant, j'avais repris mon équilibre sur le dos de la jument, qui, je dois le dire, se montrait bonne personne quand une fois nous étions en marche ; et c'était heureux pour moi : il fallait si peu de chose pour me désarçonner, que, si elle l'eût voulu, elle pouvait aisément se donner le plaisir de me mettre à terre. En quittant le Mézenc, nous marchâmes droit vers le sud, à travers des prairies élevées, trop sèches pour nourrir des vaches, mais que pâturent des moutons, dont nous eûmes à traverser un troupeau de 1 500 à 2 000 bêtes. Ces moutons, me dit M. Pranlas, appartiennent à la plaine de Nîmes ; tous les ans on les voit arriver au commencement de juin, et en septembre ils redescendent dans le Gard. Pendant l'été, les propriétaires, ne trouvant pas à les nourrir dans ce pays brûlé par le soleil, les envoient dans la montagne sur des prés communaux, qui leur sont affermés assez cher ; la commune de Chaudeyrolles seule se fait 2 000 francs de revenu avec les siens. Ces moutons sont grands et fortement charpentés, comme il convient à des bêtes voyageuses ; dans un concours d'animaux gras, ils auraient une infériorité marquée sur nos races perfectionnées ; les south-downs de MM. de Bouillé et Nouette-Delorme les battraient à coup sûr, mais ils ont d'autres qualités mieux adaptées aux longs déplacements qu'ils ont à faire et au genre de vie auquel les condamne la région qu'ils habitent.

Le sentier qu'on suit pour se rendre à la Chartreuse de Bonnefoy me fit passer auprès de la Croix-des-Bouttières, immense cratère d'où sont sorties les laves de nature variée qui couvrent le sol environnant. J'en recueillis de nombreux échantillons ; la jument les portait, et je ne regardais pas à quelques livres de plus ou de moins. Il est vrai que de-

main la jument sera loin et que mes jambes devront porter les minéraux et le reste ; je me prépare de la sorte une dure journée, mais tant
pis pour mes jambes, je garderai mes échantillons quand même. Nous
longeâmes ensuite le roc de Cuzet, énorme falaise de 400 à 500 mètres
d'élévation, qui, sur une longueur d'environ 6 kilomètres, borde la
chaîne des Bouttières. Je fis arrêter ma jument pour jouir des reflets
magiques des derniers rayons du soleil se perdant dans ce chaos de
montagnes et d'abîmes, et tombai dans une rêverie qui pouvait me
mener loin, si M. Pranlas, à qui ces merveilles sont familières, n'était
venu, en prenant la bride du cheval, m'avertir que je ne devais pas
coucher là. Son observation était juste et je dus m'y rendre, mais ce
ne fut pas sans protester.

A sept heures et demie, le soleil avait disparu derrière les montagnes de l'ouest, quand nous arrivâmes en vue de la chartreuse ; c'est
un peu au hasard que je m'y rendais, n'étant pas sûr du tout d'y
trouver un gîte. Pour m'en assurer, j'allai frapper à la porte d'un garde
forestier dont la coquette habitation s'élevait à 200 mètres du sentier,
près d'un jeune bois de pins confié à ses soins. M. Grasset (c'était son
nom) me dit que la chartreuse était habitée par de pauvres gens qui
n'auraient à m'offrir que du pain noir, du fromage aigre pour toute
nourriture, et pour coucher que le grenier à foin ; que lui aussi avait
du foin, du pain meilleur, quelques œufs, et qu'en somme je ferais
mieux de passer la nuit chez lui. J'acceptai son offre sans hésiter,
comme vous devez le croire. Je n'avais pas, d'ailleurs, la ressource
d'aller plus loin ; M. Pranlas et sa jument étaient partis, et je ne pouvais
à cette heure me lancer seul dans des montagnes où la marche, même
en plein jour, est pleine de difficultés et de dangers. Je profitai du crépuscule pour me rendre aux ruines de la chartreuse, que je trouvai
fort remarquables par l'énorme développement de constructions qu'elles
attestent. C'était un établissement de premier ordre que cette chartreuse, mon cher ami ; elle couvre un quadrilatère large de 500 mètres et de 700 mètres de longueur. Des tours massives, et pourtant
élégantes, en défendaient les angles. Au centre s'élevait l'église, dont
il ne reste que des piliers bien travaillés et des portions d'arceaux go-
thiques d'une extrême légèreté. Un fossé alimenté par des sources
entourait le couvent et le mettait à l'abri des surprises. Comme tous
les établissements de ce genre, celui-ci se trouve caché au fond d'un
vallon, dont les versants sont en partie boisés ; on ne pouvait choisir
un site plus favorable au recueillement et à l'étude. De ce magnifique

ensemble de bâtiments il ne reste debout que l'extrémité d'une des ailes, représentant à peine la vingtième partie du tout, et cependant ce pavillon, convenablement aménagé, pourrait loger une famille nombreuse, qui disposerait en outre d'au moins vingt chambres pour des amis. Les granges et magasins à fourrage répondaient, par leur ampleur, à la grandeur et à l'importance du couvent et témoignent que les bons moines recevaient de nombreuses redevances; ces bâtiments ont été respectés et sont la seule partie habitable et habitée.

La vue de ces admirables constructions, élevées dans ce vallon solitaire, étonnerait, mon cher ami, si l'on ne savait que les ordres religieux d'autrefois, par leurs immenses richesses, étaient seuls, avec le souverain et quelques familles seigneuriales, en état de faire de grandes et belles créations. Rien n'a été épargné à Bonnefoy de ce qui pouvait assurer la perpétuité du couvent. Les matériaux de construction sont de premier choix; le temps n'a même pas émoussé les angles des pierres qui forment le revêtement des murs; le mortier mis à nu par la démolition résiste aux intempéries presque à l'égal des pierres, et ce monument superbe conserverait aujourd'hui toute sa splendeur, sans les fureurs aveugles de la Révolution, qui, non contente de sévir contre les hommes, s'en prend encore aux objets matériels et va bêtement détruire des monuments coûteux, comme la Chartreuse de Bonnefoy ou les Tuileries.

Ma présence au milieu des ruines provoqua les aboiements des chiens de la ferme, qui s'élancèrent contre mes mollets, espérant y trouver un souper moins sommaire que celui qu'ils font d'habitude, si j'en juge par leur maigreur; à leur suite vinrent les habitants du lieu, une femme horrible entourée d'une demi-douzaine d'enfants dépenaillés et sordides. Pas un renseignement à tirer de ces sauvages, qui ne parlent pas français; je n'en obtins une lueur d'intelligence qu'au moment où je remis à la femme une pièce de deux francs, qui me paraissait tout à fait de circonstance; d'après son aspect misérable, jamais aumône n'a été mieux placée.

Avant neuf heures j'étais de retour chez M. Grasset et dînais d'une assiette de soupe et de deux œufs. Comme vous le voyez, c'était de la sobriété, mais justifiée; mes entrailles se sont raffermies dans la journée, et je crains, par une nourriture moins sûre, d'y provoquer de nouveaux troubles.

Tout en prenant ce modeste repas, je mis M. Grasset sur le compte du reboisement des montagnes et sus par lui que depuis vingt ans l'Administration a entrepris de grands travaux de ce genre dans les Cévennes ; il est peu de communes à qui on n'ait enlevé de 500 à 1 000 hectares de terrain, pour y planter des arbres. Ceux-ci réussissent généralement ; le sapin commun prospère à peu près partout, le mélèze aussi ; le pin à crochets et le mugho résistent aux plus grands froids, mais le pin sylvestre et l'épicéa gèlent au-dessus de 1 400 mètres. Le rôle des gardes consiste à surveiller les travaux de plantation et à garantir les jeunes bois contre les troupeaux, qui n'ont que trop de tendance à envahir des terrains dont ils ont joui pendant des siècles. Le froid et la nature des lieux rendent ce service extrèmement pénible, et les hommes du pays peuvent seuls y résister ; ceux qu'on a envoyés de loin ont obtenu promptement leur changement ou ont démissionné. Je le crois sans peine : sept mois de vent, de neige et de frimas ; neuf mois de brouillards ; restent, dans l'année, trois mois de temps clair et de température sortable, c'est vraiment trop peu. En échange de leurs services, l'Etat alloue aux forestiers, qui sont pour la plupart d'anciens sous-officiers d'une conduite irréprochable, 750 francs et le logement. Ces avantages dérisoires ne pourraient faire vivre une famille, sans le revenu d'une ou de deux vaches qui vivent des herbes que produisent les clairières ; même avec ce supplément, la position d'un forestier reste précaire, et il y aurait justice à élever leur traitement.

A neuf heures, mon cher confrère, je disais bonsoir à mes hôtes et, précédé d'un jeune homme qui couchait au même endroit, montais au grenier pour m'enfouir au milieu du foin rentré dans la journée.

Lachamp-Raphaël, 14 août.

Le Gerbier-des-Joncs. — Le Suc-de-Sara. — La source de la Loire. Le Ray-Pic.

Pour la première fois de ma vie, mon cher confrère, j'ai passé la nuit sur un tas de foin. Quand je dis pour la première fois, ce n'est peut-être pas tout à fait exact ; deux ou trois fois dans mon enfance, mon père, pour corriger une habi ude invétérée de chanter et de siffler pendant la nuit (l'idée fausse me travaillait déjà), m'avait envoyé faire une station nocturne dans la grange de sa ferme : mais le fait est si lointain, que je ne me souviens guère comment je m'en étais trouvé ; je crois pourtant que ces heures écoulées sur la paille, quand j'avais cinq ans, m'ont été plutôt désagréables. Celles que j'ai passées cette nuit dans le grenier de M. Grasset ont été on ne peut plus bienfaisantes et réparatrices. C'est un coucher parfait que du foin frais ; c'est chaud, moelleux, élastique, agréable au possible. Le foin seul, avec le matelas d'eau, réalise cette perfection idéale du lit, d'après laquelle une moitié du corps repose sur son support par tous les points de sa surface et non pas seulement par quelques-uns, qui éprouvent à la longue une compression douloureuse, d'où la nécessité, même dans les meilleurs lits, de varier sa position ; il en résulte qu'après s'être étendu le soir sans autre précaution sur le tas, on se réveille le lendemain dans un sillon formé peu à peu par le tassement de l'herbe et qui reproduit exactement l'empreinte de votre personne.

A cinq heures je fus réveillé par M. Grasset, envoyant son homme à l'ouvrage ; le pauvre garçon avait cependant bonne envie de prolonger son somme ; moi, j'en avais assez, et ne demandais qu'à partir. Le temps était superbe, et l'air frais du matin invitait à la marche. Après un frugal repas, je remerciai mes hôtes et partis dans la direction du Gerbier, bien visible à une dizaine de kilomètres. Tandis que le Mézenc et les sommets environnants étaient alors perdus dans la brume, le Gerbier seul se montrait bien à découvert. C'est là un fait habituel pendant l'été pour cette montagne, dont le roc tout à fait nu s'échauffe sous l'action du soleil pendant le jour et conserve jusqu'au lendemain assez de chaleur pour dissoudre l'eau atmosphérique et empêcher la formation des brouillards ; aussi les nuages paraissent-ils le fuir, tandis qu'ils s'attachent aux sommets boisés et gazonnés. Vous sentez, mon cher confrère, combien ce phénomène physique servait mes projets ; sans lui il m'eût fallu attendre jusqu'à dix heures du matin que le soleil eût dissipé les brumes, et par conséquent perdre un temps précieux. Je marchais allègrement, sans souci du sentier, que j'aurais eu de la peine à distinguer du reste de la prairie ; je fonçais droit sur le Gerbier, qui m'apparaissait de plus en plus important et curieux à mesure que la distance diminuait. Traverser deux ou trois vallons, une portion de forêt surveillée par l'Etat, admirer un lever de soleil sur les Bouttières, occupèrent mes jambes et mes yeux pendant trois heures, après lesquelles je me trouvais au pied du Gerbier, imposante masse de phonolithe, d'une élévation absolue de 1 551 mètres, d'une hauteur de 400 mètres au-dessus du plateau environnant, et bien certainement le pic le plus curieux de la France centrale, tant par sa forme conique, son aspect décharné, que par sa composition minéralogique. On le reconnaît entre tous à son extrême nudité ; tandis que les puys voisins sont

plus ou moins recouverts de terre et de végétation, au Gerbier le roc
est entièrement dépouillé ; des quartiers de roches, tombés des parties
supérieures, couvrent sa base ; mais, au-dessus de cette ceinture de débris, on ne voit que le roc vif sillonné de cannelures et relevé de côtes
qui toutes convergent vers le sommet du pic. C'est cette disposition,
comparée à une gerbe de blé, qui a valu à la montagne le nom qu'elle
porte. Le Gerbier-des-Joncs n'est pas un cône régulier ; il est comprimé
et comme aplati de l'est à l'ouest, d'où il suit que, vu des côtés nord
ou sud, il semble étroit et produit peu d'effet; si, au contraire, on
l'aborde par l'ouest, on lui trouve un relief et une ampleur considérables. Il est peu de sommets qui m'aient aussi vivement impressionné,
que j'aie visités avec plus de plaisir, escaladés avec plus d'entrain ; car,
du caractère dont vous me connaissez maintenant, mon cher confrère,
vous pensez bien que je n'ai pu me borner à l'admirer d'en bas et n'ai
eu de repos qu'après m'être assis ur sa pointe. Un unique sentier en
spirale y donne accès par sa pente sud-est ; de tout autre côté, ses
flancs sont inaccessibles, même pour des chèvres. Après avoir mis Azor
en sûreté sous un buisson, je commençai mon escalade, longeant le
flanc de la montagne sur un étroit sentier qui s'appuie par un de ses
bords sur un versant de plus de 45 degrés d'inclinaison, dont l'autre
bord met à vos pieds un précipice de 600 mètres, creusé dans les Bouttières ; c'est aussi effrayant et dangereux que possible, et malgré la
beauté du tableau de ce côté, j'y prêtais peu d'attention pour l'instant.
Au bout de trois quarts d'heure, j'avais effectué les deux tiers de l'ascension, lorsque le sentier s'arrêta brusquement au pied d'une paroi à
pic haute d'une vingtaine de pieds, qu'il fallait de toute nécessité gravir
pour arriver au sommet du Gerbier. Une échelle branlante était appuyée
contre le rocher, c'était la seule voie à suivre pour monter plus haut ;
pas d'autre alternative que celle-ci : regagner la prairie ou monter à
l'échelle, c'était à prendre ou à laisser. Je n'admets pas facilement les
impossibilités, et d'un autre côté abandonner mon entreprise quand je
l'avais conduite aussi loin ne me semblait pas un acte tout à fait honorable. D'ailleurs l'échelle était faite pour servir, d'autres s'en étaient
servis, pourquoi ne m'en servirais-je pas aussi? Cette réflexion fit cesser
mon hésitation d'un moment, et deux minutes après j'avais franchi ce
mauvais pas ; mais, c'est égal, ce précipice de 600 mètres, vu à travers
les barreaux d'une échelle, ça donne froid dans le dos. A partir de
l'échelle, une centaine de mètres restent à gravir pour atteindre la plate-
forme du Gerbier, et cette ascension finale n'offre plus aucune difficulté.

Parvenu à la cime du pic, cela se conçoit, on est entouré d'un très beau panorama ; il n'a pas l'étendue de celui qu'on trouve au Mézenc, plus élevé que le Gerbier de 183 mètres, mais c'est encore très beau. Vers l'est, c'est toujours la chaîne des Bouttières, qui se réunit, à 10 kilomètres, au sud, aux montagnes de l'Ardèche ; à l'ouest s'ouvre la vallée naissante de la Loire, dont on a la source à ses pieds; au nord, c'est le Mézenc avec les sommets qui l'entourent ; au sud enfin, une succession de chaînons bleuâtres, séparant les profondes vallées du Vivarais. C'est vers ces montagnes que je dirige maintenant mes pas, et leur vue me donnait une jouissance anticipée des surprises qui m'y attendaient.

Parmi les pics fort nombreux qu'on aperçoit à l'est du Gerbier, dans les Bouttières, le plus remarquable de beaucoup est le Suc-de-Sara, large pyramide triangulaire dont les faces et les arêtes, vues de loin, semblent d'une régularité géométrique si parfaite, qu'on les croirait faites de main d'homme. On dirait un monceau colossal de sable blanc ; telle est en effet la couleur des poussières granitiques qui en recouvrent la masse entière. Cette pyramide rivalise de hauteur avec le Gerbier ; sa pointe est tout à fait nue, mais vers sa base on voit quelques bouquets de bois qui relèvent de l'administration des forêts.

Très satisfait des instants passés sur le Gerbier, je songeai cependant qu'il me fallait aller reprendre Azor et continuer ma route. Après quelques tâtonnements, j'arrivais à la fameuse échelle, qui fut descendue aussi heureusement que montée, et quelques minutes après passais sur une terrasse où l'on exploite la roche pour la fabrication des lauzes ou ardoises du pays. J'en vis là des piles qu'on s'apprêtait à descendre ; auprès d'elles étaient rassemblés les outils servant à les extraire et à les tailler : des pinces, des pioches, des ciseaux, des trépans à mines, etc... Leur vue provoqua chez moi un mouvement violent d'indignation et de colère : exploiter le Gerbier-des-Joncs comme une carrière, conçoit-on pareille profanation ? Décidément l'ignorance et la rapacité humaines sont sans bornes ; je ne sais ce qui m'a retenu de lancer tous ces outils de malheur dans le précipice, j'étais seul et pouvais me donner ce plaisir. « Voyons, messieurs de l'Intérieur ou des Beaux-Arts, vous qui couvrez de votre protection un tas de masures plus ou moins respectables, ne pourriez-vous pas vous rendre acquéreurs du Gerbier-des-Joncs ? Il coûtera peu et n'exigera pas d'entretien comme les monuments dits *historiques*. On ne vous demande pas d'en réparer les brèches, la chose vous serait bien impossible, mais seulement d'empêcher que

l'action des hommes ne s'ajoute à celle du temps pour hâter la destruction de cet admirable monument de la nature. Serait-ce aussi trop vous
demander que de faire construire un chemin passable facilitant aux touristes l'accès de cette curieuse montagne? Croyez-vous que si les Anglais
ou les Allemands possédaient un Mézenc et un Gerbier, ils n'auraient
pas depuis longtemps construit de bonnes routes pour y arriver, peut-
être même un chemin de fer avec des trains de plaisir? Tandis qu'aujourd'hui, à moins d'être écuyère ou marcheuse intrépide, il est impossible à une femme de s'y rendre. On voit des femmes qui sont montées
au Puy-de-Dôme ou au Sancy, mais citez-m'en une qui soit allée au
Gerbier ! »

Rentré en possession de mon sac, j'allai, mon cher confrère, saluer
la source de la Loire, qui sourd à 100 mètres à l'ouest du Gerbier. Elle
est bien petite, bien humble, la source de ce grand fleuve; on ne sup-
poserait guère en la voyant que d'elle naît un torrent dévastateur, dont
les débordements effrayants ont enseveli déjà bien des hommes, bien
des moissons. Elle forme, à quelques mètres d'une maisonnette décorée
du nom de *Ferme de Loire,* un petit bassin circulaire large de 10 à
15 mètres, où les bestiaux vont s'abreuver ; le trop-plein de ce bassin
s'écoule en un ruisselet assez faible pour passer en entier sous l'arcade
formée par le pouce et l'index. Vous, mon cher ami, qui avez vu la
Loire débordée à Orléans ou à Tours, large dans ces moments de 3 à
4 kilomètres, élevée de 8 à 10 mètres au-dessus de ses basses eaux,
vous la représentez-vous passant entre deux doigts de votre main? On
la voit telle cependant près du Gerbier. Mais si c'est là la source de la
Loire, il faut reconnaître aussi que c'est une source de convention et
qu'elle n'est ni la seule, ni la plus importante, ni celle qui assigne au
fleuve la plus grande longueur possible ; sous ces divers rapports, il en
est d'autres qui devraient lui être préférées, entre autres celle d'où
naît un affluent qui se porte à 4 kilomètres au nord du Gerbier, et que
j'ai traversé ce matin. Cette remarque faite dans un simple esprit de
justice, je ne demande pas mieux que d'avoir vu aujourd'hui la source
de la Loire, la source d'un fleuve près duquel s'est écoulée mon enfance, auquel m'attachent les souvenirs doux ou tristes de ma jeunesse
et de mon âge mûr.

Deux heures de marche à travers de hauts plateaux m'ont fait passer
du bassin de la Loire dans celui du Rhône. Pendant cette marche je me
suis constamment tenu sur la crête des Cévennes et dans la partie la plus
élevée de la chaîne. Sur cette ligne de faîte, j'ai trouvé, entre les nom-

breux puys hérissant la contrée, de grands bois de hêtres, de vastes prairies d'une herbe sèche et dure nourrissant quelques chevaux, des troupeaux de vaches maigres et mal faites, et, pour garder ces troupeaux, une population de pâtres fort laids ; les hommes sont encore passables à la rigueur, mais les femmes, c'est triste à dire, elles paraissent donner raison aux anthropologistes modernes. Mon Dieu, que le séjour des montagnes infertiles et la rude existence qu'il crée impriment sur le visage de l'homme un cachet grossier et bestial ! Se douterait-on, en voyant ces hideux Cévenols, qu'on a sous les yeux un spécimen de cette race caucasique, la plus affinée du genre humain ? Qu'il y a loin de ces êtres disgraciés à la mâle beauté de nos pêcheurs du Boulonnais ou à la finesse de traits du Normand et de l'Anglais de la plaine de Londres !

Six heures de marche dans les montagnes m'ont amené vers le milieu du jour à Lachamp-Raphaël, village de 150 habitants, bâti sur la crête d'un contrefort des Cévennes, à 1 330 mètres d'altitude. C'est, si je ne me trompe, le centre de population le plus élevé de la chaîne et aussi de la France du Centre. Peut-être, mon cher confrère, ne vous faites-vous pas une idée exacte de ce qu'est le séjour d'une localité située à 1 330 mètres au-dessus du niveau de la mer ; ce qu'il est je vais vous le dire : c'est de la neige de la fin de septembre à la fin d'avril, c'est-à-dire pendant une bonne moitié de l'année ; c'est du brouillard, du froid ou tout au moins une grande fraîcheur le reste de l'année. A cette hauteur, plus de ces saisons régulières que les poètes et les peintres ont célébrées à l'envi, et qui introduisent tant de variété dans la zone tempérée. Un long hiver, un froid printemps, un court été, se partagent l'année ; l'automne, la douce saison des fruits, y est inconnue, et quant aux fruits de ces régions déshéritées, ce sont l'airelle, la framboise et la fraise de la montagne, il en reste peu en septembre ; peut-être y voit-on encore quelques pommes dans un verger bien abrité, mais c'est tout.

Sur les indications d'un homme que je rencontrai à un kilomètre du village, j'allai me confier à l'hospitalité de M. Bonhomme, le cabaretier le plus sérieux de Lachamp-Raphaël. Je m'enquis encore auprès de ma nouvelle connaissance de la situation et de la distance de la cascade du Ray-Pic, qui m'attirait dans le pays ; cet homme s'étant offert à m'y conduire, je lui donnai rendez-vous à deux heures au village, voulant me reposer un peu avant de commencer mes courses de la soirée. Il n'est pas sans intérêt de vous décrire ce nouveau guide, mon cher con-

frère ; c'était un être étrange, ayant des yeux hagards, de la barbe
jusqu'aux yeux, et sur le corps une toison si fournie et si raide, que sa
chemise en était distendue et entr'ouverte ; c'était, en un mot, une nouvelle édition de l'Homme-chien, que j'ai le regret de ne pas avoir vu
lors de son passage à Paris, mais que son collègue des Cévennes rem-
placerait peut-être avantageusement. Malgré cette ressemblance
fâcheuse avec les carnassiers, il avait l'air bon diable, aussi n'ai-je pas
hésité à en faire mon compagnon pour la soirée et n'ai pas eu à le regretter.

A onze heures je franchissais le seuil de M. Bonhomme et demandais
pour déjeuner une assiette de soupe et trois œufs : toujours de la sobriété
et de la prudence dans mes repas, comme vous le voyez ; c'est que j'ai
l'estomac solide pour l'instant et ne veux plus m'exposer à le déranger,
c'est trop dangereux en voyage ; la dysenterie est là qui vous guette,
et elle a bien vite raison d'un homme exténué par la fatigue. D'ailleurs
à quoi bon demander autre chose, puisqu'on n'avait peut-être rien de
plus à m'offrir ? Ce repas de Lucullus terminé ; je demandai un lit, mais
la cabaretière m'avoua d'elle-même que celui qu'elle pouvait m'offrir
avait des puces et que je dormirais mieux dans la grange. Cet aveu me
suffit, et sans attendre la suite de son discours, la pressai de me conduire dans son grenier. Depuis que j'ai goûté au foin (simple métaphore,
je n'en mange pas, j'ai à peine besoin de vous le dire), je ne veux plus
d'autre lit : Cinq minutes après j'étais étendu sur le tas et dormais d'un
profond sommeil. J'en fus tiré au bout de deux heures par une circonstance qui pouvait avoir des suites fâcheuses pour moi et que je
veux vous raconter ; j'ai failli être foulé aux pieds par des vaches et
voici à quelle occasion. Dans les parties élevées des Cévennes les paysans
ont une manière économique d'engranger le foin que j'ai beaucoup
admirée aujourd'hui ; bien qu'elle ait pu me coûter la vie. Quand on a
rassemblé sur le pré la charge de deux vaches, on en forme avec des
cordes une balle solide qu'on place sur un petit appareil bas, moitié
char, moitié traîneau, qui ne sert qu'à cet usage. Les animaux amènent
le tout jusqu'à la porte de la grange ; alors on dételle, on fixe au joug
l'extrémité des cordes qui lient le foin, et les vaches, tirant sur la charge,
l'enlèvent du traîneau et la portent jusqu'au fond du grenier, où on n'a
plus qu'à l'étendre. C'est ainsi que, vers deux heures de l'après-midi,
une nouvelle charge d'herbe était amenée dans la grange où je dormais ;
la manœuvre habituelle venait d'être faite, et le conducteur, ne m'ayant
pas aperçu dans l'obscurité, excitait ses bêtes, qui commençaient à

3

avancer, quand l'ébranlement de ma couche m'ayant réveillé, j'aperçus juste au-dessus de moi deúx bonnes têtes de vaches qui s'apprêtaient à me passer sur le corps. J'eus le temps de m'écarter de leur passage et en fus quitte pour la peur. Celle-ci passée, je ne pus m'empêcher de rendre hommage à l'industrie de ces braves gens, qui savent, par un ingénieux procédé, s'épargner une main-d'œuvre coûteuse. De cette façon pas de voitures à charger à la fourche, pas de transbordement de la voiture dans le grenier, toutes choses qui prennent du temps, perdent une partie du fourrage et la meilleure, si l'on rentre par un temps sec ; c'est une méthode dont pourraient profiter des pays qui ont la prétention de marcher à la tête du progrès agricole.

Comme je me trouvais éveillé je rentrai au cabaret, où M. Paillet, l'homme-chien de Lachamp-Raphaël, ne tarda pas à me rejoindre. Nous partîmes aussitôt pour le Ray-Pic, situé à 4 kilomètres au sud du village. Après avoir traversé des prairies, le chemin s'engage dans une gorge profonde dont les pentes boisées, labourées par des torrents, hérissées de roches granitiques ou volcaniques, donnent à ce ravin un caractère exceptionnel de grandeur sauvage. A mesure qu'on approche de la chute, le basalte se substitue de plus en plus au granite ; des masses énormes de laves poreuses, rougeâtres ou noires, se dressent à chaque instant de chaque côté du sentier. Au Ray-Pic le basalte compact règne seul, formant là une falaise haute de 150 mètres, sur un développement transversal de 500 mètres, qui barre entièrement la vallée ; c'est la plus épaisse couche de laves que j'aie encore rencontrée. Rien de varié, de capricieux, de bizarre, comme la disposition qu'affecte ce basalte à la surface de cette muraille de géants ; la nature s'est plu à y réunir les formes diverses qu'on trouve d'ordinaire isolées dans chacun des dépôts de cette roche : prismes ici dirigés vers le ciel, là plongeant vers la terre, étalés en un large éventail dans un endroit, plus loin décrivant une longue ellipse de 20 mètres de diamètre, etc. Des sapins décharnés, des arbres retenus par la racine et penchés sur l'abîme couronnent la falaise. De hautes ouvertures en excavent la base, y dessinant comme l'entrée de grottes encore peu profondes, mais que le temps se chargera de creuser davantage. Vers le milieu de la falaise, le torrent de la Bourges s'est ouvert une tranchée large de 8 à 10 mètres, à l'extrémité de laquelle il se précipite en une cascade de 30 à 40 mètres, formant un seul jet à l'époque des hautes eaux, mais partagée pour l'instant en deux belles bandes argentines que sépare un intervalle de 2 mètres environ. Le tout se déverse au pied de la falaise dans un gouffre constamment rempli d'une eau profonde et limpide. Ces deux bandes d'argent, par leur contraste avec le noir de jais du basalte, sont d'un admirable effet, mon cher confrère, et le Ray-Pic laisse bien loin derrière lui les cascades de l'Auvergne. Comment se fait-il que l'Etat n'ait pas depuis longtemps chargé un peintre habile de reproduire cette merveille de notre pays sur une toile qui serait, dans notre Muséum, le pendant de celle qui représente le Queureilh? Le Ray-Pic mérite dix fois cette distinction, et la lui accorder serait justice. A gauche de la cascade principale on en voit une autre moins abondante, mais beaucoup plus élevée, puisqu'elle mesure toute la hauteur de la falaise, c'est-à-dire plus de 100 mètres. Cette seconde chute provient d'un affluent de la Bourges, et ses eaux vont rejoindre la rivière dans le gouffre même où elle se précipite.

Je ne veux pas omettre, mon cher confrère, de vous raconter les joies et les déceptions de géologue que j'ai éprouvées au Ray-Pic, à propos du péridot, minéral d'un vert-olive, fréquemment associé au basalte et assez employé autrefois comme pierre fine, dans la joaillerie; on s'en sert moins pour cet usage aujourd'hui; et de fait, la topaze, le rubis, le saphir et surtout le diamant sont d'un plus bel effet dans une parure. Quoi qu'il en soit, je ne possédais jusqu'ici que des échantillons microscopiques de cette pierre, lorsqu'en traversant un affluent de la Bourges, mes yeux tombèrent sur un prisme de basalte contenant un morceau d'olivine de la grosseur du pouce. A cette vue, mon enthousiasme de naturaliste fut sans bornes, et je n'eus de repos qu'après avoir détaché de ce fragment une parcelle de la grandeur de l'ongle. Mon pauvre maillet en fut tout écorné, mais c'était un détail sans importance; je tenais mon péridot, et cela me suffisait. Je l'enveloppai avec soin dans du papier et le serrai précieusement dans mon portefeuille. Mais voilà que, vingt pas plus loin, je rencontre, dans un autre bloc, un péridot gros comme une mandarine; à quelques mètres de là, un troisième morceau du volume du poing; enfin, arrivé au Ray-Pic, je trouvai le sol jonché de péridots; ils étaient gros comme des pavés, et il y en avait là la charge d'un wagon. Je n'avais même pas à prendre la peine de les isoler, le torrent s'en était chargé. Quelques tronçons de colonne contenaient du péridot pour plus du tiers de leur volume; c'est même un caractère du basalte des Cévennes, que d'être péridotique à l'excès. M. Gillard, le savant préparateur du cours de géologie au Muséum d'histoire naturelle, aurait-il donc raison quand il avance que le basalte n'est que du péridot modifié par voie de métamorphisme?

Après ma visite au Ray-Pic, je me rangerais volontiers à son avis. Vous sentez, mon cher confrère, combien, en face de cette abondance, je regrettai le mal que m'avait donné le premier échantillon et l'usure de mon marteau. Si l'olivine avait conservé son ancienne valeur comme bijou, ma fortune était faite du coup; je me faisais expédier tous ces pavés à Paris et les écoulais peu à peu, pour ne pas trop abaisser les prix en inondant subitement la place. N'ayant plus cette ressource, je me bornai à recueillir une série d'échantillons d'un volume convenable, et j'en remplis mes poches et celles de mon guide.

A sept heures du soir j'étais de retour au village, où, quelques minutes auparavant, deux touristes avaient fait leur entrée. Je ne fus pas fâché de voir des confrères; depuis trois ans le hasard ne m'en a fait rencontrer aucun, et je commençais à croire que, en France du moins, j'étais le seul voyageur de mon espèce; aujourd'hui, plus de doute, j'avais des collègues. C'étaient deux jeunes gens de bonne mine, mais des touristes du grand monde, des pseudo-touristes; ils voyageaient à cheval, avec domestique, et tout cet appareil pour une excursion de quatre jours seulement, puisque, commencé avant-hier au Puy, leur voyage se termine demain à Vals. Je vous laisse à penser si je les toisai avec dédain : quatre jours d'excursions et des chevaux! Ça n'était pas sérieux. Cependant je leur dois cette justice, que leur itinéraire n'était pas trop mal conçu; il comprenait le lac d'Issarlès, le Mézenc, le Gerbier, le Ray-Pic, la vallée et les basaltes de la Volane, c'est-à-dire les choses capitales de cette partie des Cévennes.

Je me contentais de soupe, d'œufs et de fromage pour mes repas; il fallut, pour le souper de ces messieurs, tuer un mouton, faire rôtir une volaille; que fallut-il encore? Je l'ignore, car je les ai quittés presque aussitôt pour me retirer sur mon foin. Cependant j'avais eu l'occasion d'échanger quelques paroles avec les nouveaux venus, et, comme ils m'apprirent que leur intention était de quitter Lachamp-Raphaël sans aller au Ray-Pic, j'insistai fortement pour que leur matinée fût consacrée à cet admirable site; c'est un service que je voulais leur rendre, et je suis certain qu'ils l'apprécieront plus tard.

**Mézillac. — Les montagnes du haut Vivarais. — Les bords de la Volane.
La Coupe-d'Aizac. — Les basaltes d'Antraygues. — Vals.**

Ma dernière nuit sur le foin n'a pas valu, à beaucoup près, la précédente, mon cher ami. Je dormais depuis une heure quand les deux touristes du Puy, ayant achevé leur festin, firent irruption dans la grange, suivis des ouvriers de M. Bonhomme. Tout ce monde riait et parlait haut, ce qui troubla déjà mon sommeil; de plus, un des voyageurs, voulant faire une espièglerie spirituelle, trouva joli de se laisser choir en travers sur moi, comme par mégarde, et acheva par là de m'éveiller. Si je maugréai contre cette plaisanterie de mauvais goût, je vous le laisse à penser. Les allées et venues d'un chien de la maison me troublèrent encore le reste de la nuit, en sorte que ce matin le jour me trouva fatigué, irrité, et en mauvaise disposition pour supporter une longue marche. Je m'abouchai donc encore une fois avec mon guide de la veille, M. Paillet, et obtins qu'il me conduisît en voiture jusqu'à Antraygues, d'où je pouvais, dans la soirée, atteindre Vals et peut-être pousser jusqu'à Aubenas.

Je partais donc ce matin, à six heures, sur une charrette attelée d'un mulet assez jeune encore pour prendre l'allure du trot. Le temps était beau, l'air un peu lourd et voilé par un léger brouillard qui nous présageait une chaude journée. Au bout d'une heure nous passions à côté du mont Raphaël, vieux cratère ruiné d'où paraissent être sorties les laves du Ray-Pic, et à sept heures traversions Mézillac, village bâti à l'entre-croisement de deux routes, sur le point culminant d'un haut chaînon. C'est, comme Lachamp-Raphaël, un froid séjour, et la neige y fait quelquefois son apparition dès le mois de septembre; ce n'est pas encore là que j'irai prendre ma retraite quand l'âge m'interdira la pratique des accouchements. A Mézillac, la chaîne des Bouttières se relie aux montagnes du haut Vivarais, et je pus déjà juger du caractère de ces montagnes. Elles diffèrent entièrement de celles que j'ai rencontrées jusqu'ici; ce ne sont plus, comme dans le Velay, des pics disséminés sur un haut plateau, mais de longues croupes que séparent des gorges profondes; c'est une région plus ravinée, plus tourmentée, et en somme d'un plus grand effet que celle des jours passés. Au sortir de Mézillac, nous nous engagions dans le ravin de la Volane, que j'allais suivre jusqu'à l'Ardèche. C'est un ravin, un maître ravin que celui de la Volane, mon cher ami; il est resserré entre des versants de 300 à 400 mètres de hauteur, d'un granite dur recouvert tout en haut d'une couche de laves. Ces versants sont, dans leurs deux tiers supérieurs, dépourvus de végétation; d'énormes rochers aux formes bizarres accidentent leur surface; parfois une plantation de châtaigniers en couvre la base; tout au fond du ravin la Volane gronde, écume, sur son lit de granite. C'est un paysage un peu nu, mais sévère et d'un aspect tout à fait grand. La route que nous suivions court sur le flanc du ravin, se tenant, suivant la configuration du terrain, de 25 à 150 mètres au-dessus de la rivière. A huit heures nous avions dépassé La Violle, village caché dans un vallon occupé par un affluent de la Volane, et de ce point j'apercevais distinctement, sur la droite, la Coupe-d'Aizac, facilement reconnaissable à la rougeur de ses cendres et à la régularité de son cône. A neuf heures nous étions arrivés à la naissance du chemin qui mène à Aizac, et là je quittai M. Paillet pour me diriger de ce côté. Vous vous demandez sans doute, mon cher ami, ce que peut être cette Coupe-d'Aizac, vers laquelle je me rendais. C'est un beau volcan, ouvert au sommet d'un chaînon granitique et d'une régularité si parfaite, qu'on a comparé son cratère à une coupe. Je n'avais pu résister au besoin de l'aller voir de près. Bien des raisons, cependant, me détournaient de cette visite : la journée d'hier et ma mauvaise nuit m'avaient brisé, je commençais à avoir faim, le repos et le déjeuner étaient tout proches; d'un autre côté, cette course, faite sous un soleil brûlant, allait être des plus pénibles; j'exposais sérieusement ma santé en me surmenant de la sorte, etc. Malgré ces puissants motifs de m'abstenir, fatal empire de l'idée fausse, deux heures après j'étais assis sur le bord du cratère et plongé dans une profonde méditation; mais une heure d'une laborieuse ascension m'avait prouvé une fois de plus que « de la coupe aux lèvres la distance est parfois grande. » A quoi réfléchissais-je si profondément sur la Coupe-d'Aizac, mon cher ami? C'est à la fraîcheur, à la jeunesse, à l'état de conservation parfaite de ce volcan; je n'en ai vu aucun qu'on puisse lui comparer sous ce rapport, et je me trompe fort s'il n'est pas le plus récent, le plus jeune des volcans de France. On m'affirmerait que sa dernière éruption date d'un siècle seulement, que rien ne m'empêcherait de le croire si, au lieu du Vivarais, je le rencontrais en Asie ou sur les Andes. Son cratère conserve une profondeur peu commune, les matières meubles qui édifient son cône sont presque inaltérées, et aucune végétation

ne les recouvre encore, comme on le voit dans les volcans d'Auvergne ;
c'est donc un des derniers-nés de notre sol, sinon le dernier, et très
certainement les premiers hommes ont vu ses feux. Heureux hommes
du passé, combien j'envie leur bonheur ! Voir la Coupe-d'Aizac en feu,
quelle joie, quelle gloire pour un géologue ! Si le ciel avait voulu faire
pour moi une toute petite éruption d'une demi-heure seulement, comme
j'aurais payé cher cette demi-heure ! J'aurais cependant réclamé le
temps nécessaire pour me mettre en lieu sûr, car rester au bord de la
coupe dans ce moment eût été un mauvais moyen de bien voir l'éruption : des torrents de vapeur d'eau et de cendres, une pluie de pierres
brûlantes, sont d'un contact malsain, même pour un géologue. Le volcan d'Aizac, mon siège du moment, s'élève à 807 mètres d'altitude et à
350 mètres au-dessus du ravin voisin ; le cône a 600 mètres de diamètre au sommet, et plus de 1 kilomètre à la base. Il est formé par
une masse énorme de cendres rougeâtres, de lapilli, de scories et de
bombes volcaniques, galettes de lave qui, lancées en l'air par la force
expansive des gaz , se sont enroulées sur elles-mêmes de manière à
produire des blocs renflés au milieu, atténués aux extrémités en forme
de fuseaux. Le volume de ces bombes varie de la grosseur d'une poire
à celle du corps d'un homme ; elles jonchent les flancs du volcan, où
on les compte par milliers ; les musées publics du monde entier trou-
veraient là à s'en approvisionner largement, et il en resterait encore
pour les collections particulières. Le cratère d'Aizac a près de 100 mètres de profondeur, et serait d'une régularité parfaite, sans une échancrure qui l'a ébréché vers le nord. Au sujet de cette échancrure,
Joanne a emprunté à je ne sais quel ouvrage une assertion plaisante, d'après laquelle « le fond de ce cratère renfermait jadis un lac
d'eau stagnante ; mais un éboulement considérable du côté d'Aizac
fraya un passage aux eaux et détruisit ainsi par une brèche la régularité du cône primitif ». L'eau qui a rompu le cratère d'Aizac, monsieur Joanne, s'appelle de la lave ou du basalte, et pas autrement ; on
en a la preuve en voyant naître de la brèche une coulée basaltique que
l'on suit jusqu'à la Volane, où cette lave recouvre une autre coulée
plus ancienne ; la coupe opérée en cet endroit des rives par les érosions du torrent laisse voir de la façon la plus nette cette superposition
des deux courants d'âge différent. Des châtaigniers couvrent d'un côté
les flancs du volcan et occupent le fond de la coupe, où s'élève une
maisonnette dont les habitants passent là doucement leur vie, sans
souci des éruptions. Le *Salvia glutinosa,* espèce à fleurs d'un jaune

terne et très grandes, croît abondamment sous les châtaigniers; je
vous en rapporte un bel échantillon.

J'arrivai à Antraygues harassé, mourant de faim, les vêtements
trempés de sueur, mais malgré tout enchanté de ma promenade;
l'idée fausse a parfois du bon, et je compte bien m'y laisser encore
aller de temps en temps. Antraygues, mon cher ami, est une petite
ville joliment assise sur un rocher dont la Volane baigne le pied; il y
règne pendant l'été une chaleur étouffante, due à l'accumulation des
rayons solaires dans ce ravin. D'un côté, la ville est entourée de vergers étagés en terrasses et chargés de fruits cette année; là également
commence la culture du mûrier, qui ne supporterait peut-être pas le
froid des parties supérieures de la vallée. Le moulinage de la soie, l'industrie la plus répandue du Vivarais, possède à Antraygues plusieurs
usines qui donnent du travail à la population.

Après mon déjeuner, j'ai voulu prendre un peu de repos; mais des
allées et venues continuelles dans une maison tout en bois, et aussi
sonore qu'un violon, ont empêché tout sommeil; je n'ai trouvé là qu'un
demi-repos, bien insuffisant pour réparer mes forces. Néanmoins, à
quatre heures, je partais à pied pour Vals, tenant à visiter avec soin et
lentement les basaltes de la Volane, dont on vante beaucoup la beauté,
après Antraygues. Ils méritent en effet leur réputation moins par leur
masse et leur hauteur que par le fini du travail, si je puis ainsi dire, qui
leur a donné naissance; les berges du torrent, sur un parcours de
10 kilomètres environ, sont formées par cette roche dont les prismes
offrent une perfection, une finesse, une distinction sans exemple ailleurs; en maints endroits, cette colonnade revêt une teinte azurée des
plus belles et des plus douces. Ces qualités frappent vivement les connaisseurs; mais, pour le commun des voyageurs, ces petites falaises si
distinguées seront moins goûtées que les immenses remparts de la
vallée de la Loire ou des Coyrons. A côté des basaltes, les granites de
la Volane méritent aussi une mention spéciale; on en parle peu, et c'est
injuste, car ils sont merveilleusement beaux et ne peuvent manquer de
frapper les yeux les moins clairvoyants; depuis le Saut-du-Gier, je n'avais
pas rencontré de falaises granitiques aussi élevées et aussi belles.

Quand on côtoie pendant quelques heures la Volane, on est surpris
des alternatives d'humidité et de siccité de ce torrent; rien de plus
variable que son régime au même moment dans les diverses parties de
son cours : ici passablement fourni d'eau, plus loin n'en ayant qu'un
mince filet, puis de nouveau assez rempli. D'où viennent ces variations?

Des emprunts continuels qui lui sont faits pour les irrigations et pour les usines ; tout le long de ses rives, à droite, à gauche, des canaux de dérivation saisissent l'eau et la conduisent sur les étroites prairies des bords, qui rendent ensuite à la rivière ce que le sol n'a pas absorbé, ou bien cette eau est emmenée par des rigoles vers les usines ; le ravin reste alors à sec jusqu'à ce que les restitutions qui lui sont faites ou les apports de nouveaux affluents aient reconstitué un courant, qui ne tarde pas à être traité de la même manière un peu plus bas. Les Ardéchois sont d'industrieux exploiteurs de l'eau et s'entendent admirablement à effectuer des dérivations, que facilite beaucoup du reste la pente considérable de leurs vallées.

A sept heures du soir j'arrivais à Vals, qui, malgré l'importance de ses thermes, a conservé la physionomie d'une petite ville de montagnes ; sauf quelques hôtels neufs, l'aspect du village n'a pas changé. En dépit d'une installation un peu défectueuse pour des eaux de cette valeur, les baigneurs riches n'y font pas défaut, et je trouvai à Vals un bruit, une animation, qui contrastait étrangement avec la solitude et le silence des lieux que j'ai visités ces jours-ci. J'arrivais, il est vrai, à l'heure du dîner ; des femmes en toilette tapageuse allaient et venaient dans la rue, en compagnie de gandins, une rose à la boutonnière, qui paraissaient être à Vals non pour leur santé, mais parce qu'il y avait des dames. Devant une maisonnette devenue momentanément son hôtel, une mouette étalait ses charmes provocateurs au milieu d'un cercle de villageoises qui paraissaient envier sa gloire. Le contraste de leur simplicité avec les élégances mondaines et demi-mondaines des étrangers me causa une impression pénible, mon cher ami, et je sentis que j'allais faire une triste figure dans ce milieu : des robes à queue, de faux chignons, des bottes vernies, des mouettes ; rien de tout cela, me dis-je, n'est fait pour un Osage, passons.

J'allais en effet dépasser le dernier hôtel de Vals, quand je fus arrêté par un des deux touristes de Lachamp-Raphaël, qui venait me remercier du conseil que je lui avais donné la veille. Il s'était rendu au Ray-Pic, et était revenu émerveillé de ce qu'il y avait vu ; il m'affirma (simple formule de politesse, je pense) qu'aucun paysage de la Suisse ne lui avait causé plus de plaisir. Celui-là paraissait être un touriste plus sérieux que son compagnon, et je ne suis pas éloigné de croire qu'ayant appris mon itinéraire de ces jours-ci, il a éprouvé quelque regret de ne pouvoir m'accompagner.

J'avais à peine quitté ma connaissance de la veille, que l'omnibus d'Aubenas vint à passer ; j'y montai, et continuai ainsi mon voyage. Nous approchions de l'Ardèche, et les collines de la Volane s'abaissaient rapidement vers cette vallée. Là, mon cher confrère, on commence à voir des oliviers ; des plantations de cet arbre singulièrement triste couvrent les pentes de chaque côté de la route. J'avais pour voisin de banquette un jeune Albenais, grand causeur, qui m'apprit qu'Annibal, marchant sur l'Italie, avait recruté les jeunes gens de l'Ardèche et que, si le général carthaginois a vaincu Rome, tout le mérite de la conquête revient aux Ardéchois. Je veux bien croire qu'ils y ont contribué ; mais leur en attribuer toute la gloire, c'est peut-être aller trop loin, et l'histoire, que je sache, n'a pas ratifié ce jugement. Il en est probablement de cette thèse comme de celle que soutenait jadis devant moi mon ami, le docteur prince Z... Ce prince polonais ruiné, aujourd'hui médecin oculiste au Caire, n'affirmait-il pas avec conviction que l'empereur Napoléon Iᵉʳ n'a dû ses victoires qu'aux Polonais enrôlés dans ses armées ? Merveilleuse chose que l'amour-propre ! Dieu l'a donné à l'homme pour réjouir son cœur et le relever dans ses heures d'abattement et de tristesse. Il est si habile à nous tromper et sait si bien donner des événements le plus directement causés par l'imprévoyance et l'incurie une interprétation qui nous console ! Essayez de faire comprendre à nombre de personnes que nous avons été battus, il y a dix ans, faute d'avoir eu des soldats assez nombreux, assez disciplinés, assez armés, on ne vous croira pas : « on a trahi, » voilà la cause vraie de nos défaites ; il est évident que, sans la trahison, la France ne pouvait être vaincue. Avez-vous entendu répéter autre chose autour de vous parmi les masses ? Moi pas.

Il faisait nuit close quand j'arrivai à Aubenas, la seconde ville de l'Ardèche par sa population, qui dépasse 10 000 âmes et s'accroît tous les jours. Cette ville a d'ailleurs conscience de son importance et ne vise à rien moins, assure-t-on, que d'enlever à Privas la dignité de chef-lieu du département. Elle se partage en ville haute, très bien assise sur une haute colline, et en ville basse, située près de l'Ardèche et au moyen de laquelle s'étend Aubenas.

Après mon dîner je sortis un instant dans la rue, où presque aussitôt passèrent des musiciens galonnés qui parcouraient la ville en exécutant d'une façon plus bruyante que juste le *Chant du départ* de Méhul ; je les suivis machinalement et me trouvai de la sorte conduit à une esplanade qui domine de très haut la vallée de l'Ardèche. Sur un des côtés s'élevait une estrade, au fond d'une enceinte de feuillage qu'entourait déjà une

partie de la population. C'était, à n'en pas douter, une salle de bal im-
provisée, et je vis bien qu'on s'apprêtait à danser. Songeant à la date
du 15 août, je fus un peu surpris de voir se produire à Aubenas ces
réminiscences bonapartistes, mais on m'assura que cette assemblée
n'avait rien de politique et qu'il s'agissait tout simplement de la *vogue*,
c'est-à-dire de la fête annuelle du pays. Les musiciens s'installèrent sur
l'estrade, et les danses commencèrent. Je m'amusai d'abord à les regarder ; puis, électrisé peu à peu par cette musique entraînante, j'éprouvai bientôt le besoin de prendre part à une valse, d'autant plus qu'à
côté de moi se tenait une grosse fille réjouie, à qui les jambes sem-
blaient démanger aussi. Rien ne m'empêchait de l'inviter. On sent parfois des impulsions malheureuses : moi danser avec une grosse Ardéchoise à la vogue d'Aubenas ! qu'en dites-vous, mon cher ami ? C'était
bien le comble de l'idée fausse, c'était fou ; cependant, si fausse qu'elle
pût être, j'allais, je crois, donner suite à mon idée, quand mes dehors
si peu séduisants m'étant revenus en mémoire, je me dis que j'allais
m'attirer un refus mortifiant et que le mieux pour moi était de rester en
repos. Cette considération d'amour-propre, je ne vous le cache pas,
me retint beaucoup plus que la crainte de justifier le jugement porté
maintes fois par le professeur Z... sur mon humble personne. A dix
heures donc, quittant à regret la vogue, je rentrai à mon hôtel.

Dans cette journée, mon cher ami, j'ai fait du chemin et vu du pays ;
depuis ce matin je me suis abaissé de près de 1 200 mètres et suis passé
de la région du hêtre et du sapin dans celle de l'olivier ; je vous le
déclare sans hésiter, à cette époque de l'année, je préfère de beaucoup
la région du sapin.

Privas, 16 août.

L'Escrinet. — Le roc de Gourdon. — Le plateau des Coyrons.

Si je me suis abaissé de 1 200 mètres dans ma journée d'hier, aujour-
d'hui je me suis élevé de 900 mètres pour atteindre le sommet des
Coyrons ; vous le voyez, le pays que je parcours n'est pas ce qu'on
peut appeler un sol nivelé. Ce matin, à neuf heures, je prenais la voiture publique de Privas, et quelques instants après passais auprès de
l'esplanade d'Aubenas. Là, la vogue d'hier soir me revint en mémoire,
et je regrettai la mauvaise honte qui m'avait empêché de prendre part
à ces réjouissances publiques ; peut-être ma grosse voisine m'aurait-
elle accordé seulement la faveur d'une petite valse. Enfin c'est une oc-

casion manquée, et j'en dois prendre mon parti, Aubenas ne fera pas
une nouvelle vogue en mon honneur dimanche prochain. Notre voiture
croisa d'abord la vallée de l'Ardèche, que je trouvai abondamment
plantée de mûriers, l'arbre le plus cultivé du département, puis elle
commença à gravir la route sinueuse qui aboutit au col de l'Escrinet,
avant de redescendre vers Privas. J'avais pour voisin de banquette un
aimable homme, des plus instruits, dont je regrette de ne pas connaître
le nom. Il se rendait à l'ouverture du Conseil général de l'Ardèche,
dont il est membre, et il exerce en outre les fonctions de secrétaire
de la Société des sciences et des lettres de Privas. Il possède des con-
naissances étendues en histoire naturelle, et pendant les deux heures
que nous passâmes ensemble je pus causer d'une façon aussi agréable
que profitable de la géologie de son département, qu'il connaissait parfaitement bien. La route suivait le pied du Coyron, très haut plateau
qui, né des Cévennes près de Mézillac, traverse obliquement le département de l'Ardèche et finit près du Rhône par les escarpements de
Rochemaure. Mon voisin me fit remarquer, sur le flanc de la montagne,
les épaisses couches de marne qui forment de ce côté le corps du
Coyron ; elles ont en ce point plus de 300 mètres de puissance. Leur
vue m'intéressa vivement ; c'est une partie de la ceinture que le terrain
jurassique forme au Plateau central, et non la partie la moins curieuse.
Ce terrain jurassique, mon cher ami, me rappelle une petite aventure
qui m'est arrivée il y a quelques années et n'a pas été étrangère à mes
études géologiques ; je vous la raconterai en deux mots. J'étais allé
récolter des fossiles à Grignon, localité bien connue des paléontologistes
parisiens, et tout à fait remarquable par le grand nombre et l'état de
conservation parfaite des coquillages qu'on trouve là avec leur test et
presque aussi frais que les espèces actuelles des plages de l'Océan. Arrivé
à la falunière du beau parc de l'Ecole d'agriculture, je fus assez surpris
de trouver sur le terrain un bonnetier que j'avais soigné autrefois et
chez qui rien à cette époque ne m'avait fait soupçonner le goût des
fossiles. Depuis le matin il était à l'ouvrage, avec un matériel complet
de pioches, tamis, caisses capitonnées, paquets d'ouate pour les
coquilles fragiles, fouillant les faluns avec ardeur et poussant des excla-
mations de joie chaque fois que son tamis lui apportait quelque pré-
cieuse trouvaille. Je profitai de son outillage et fis à mon tour bonne
récolte, puis nous rentrâmes ensemble à Paris. Naturellement la con-
versation roula sur les fossiles, et je lui dis qu'en ayant remarqué de
très beaux dans les falaises de Boulogne-sur-Mer, je me proposais de

retourner dans cette ville pour en recueillir. « Je les connais, répon-
dit-il, ils caractérisent l'*étage portlandien* du terrain jurassique. — Mais,
ajoutai-je, j'en ai reçu d'un peu différents des côtes de Normandie.
« C'est encore le terrain jurassique, me dit-il, mais l'*étage oxfordien*. »
Je restai stupéfait de rencontrer tant de science géologique chez un
bonnetier, mais aussi passablement humilié d'en posséder si peu moi-
même. « Comment, me dis=je, j'appartiens à une profession libérale,
qui suppose une instruction variée chez l'homme qui l'exerce, et c'est
d'un bonnetier que j'apprends la structure d'une assise importante du
globe, dont le nom même m'est à peine connu ? Non, il ne sera pas dit
que je vivrai plus longtemps dans cette ignorance crasse ; je veux,
comme M. X..., connaître l'étage portlandien et l'étage oxfordien du
terrain jurassique. » A partir de ce moment je me mis à piocher mon
Beudant, que je devrais savoir aujourd'hui par cœur, tant je l'ai lu et
relu souvent depuis. Que vous suiviez ou non mon exemple, il ne vous
déplaira pas, mon cher ami, d'apprendre que le goût des sciences
pénètre peu à peu dans les masses et se rencontre parfois là où on s'at-
tendrait le moins à le trouver. En effet, quel rapprochement faire *à priori*
entre un homme adonné à la culture des bas et des gilets de flanelle et
les fossiles, à moins de prétendre que ce genre d'occupations fossilise
à la fin celui qui s'y livre ; mais il serait par trop insolent d'insister sur
cette opinion, qui d'ailleurs n'est pas la mienne.

A onze heures, après avoir décrit de longs circuits, notre voiture
arrivait au col de l'Escrinet, où la route franchit le Coyron à 805 mètres
d'altitude, à travers une énorme couche de basalte. Sa tranchée a ouvert dans ces laves comme une porte colossale par laquelle on passe du
bassin de l'Ardèche dans celui de l'Ouvèze. Là je pris congé de mon
aimable compagnon, qui eut l'attention de me fournir, pour la suite de
mon voyage, plusieurs indications précieuses que je n'aurai garde de
négliger. Je déjeunai à l'auberge voisine et à midi gagnais à pied le rocher de Gourdon, qui couronne le plateau, à 4 kilomètres au nord du col
et à 1061 mètres d'altitude. Ce rocher, formé de basalte prismatique,
est remarquable par son volume et par sa position sur le point culminant du Coyron ; aussi, de son pied (je me suis dispensé de le gravir),
voit-on fort loin tant du côté de Privas et de Chomérac, au-delà desquels
se montrent la vallée du Rhône et le Dauphiné, que dans la direction du
bas Vivarais, dont les montagnes se profilent au loin vers le sud. Ce
magnifique panorama valait bien, je vous l'affirme, deux heures de
marche et de fatigue.

De retour à l'Escrinet, je m'engageais aussitôt sur le sentier sinueux qui mène à Freissenet. Chemin faisant je pus étudier, sur le versant du Coyron, les marnes jurassiques, sur lesquelles le sentier est tracé ; elles forment des assises régulières d'une argile bleuâtre, riche en fossiles, que séparent des lits d'un calcaire compact déposé probablement par précipitation chimique. Toutes ces strates sont franchement inclinées vers le sud-est sous un angle de 10 à 15 degrés, dénotant, par cette inclinaison, le soulèvement qui s'est opéré dans la masse granitique depuis le dépôt des couches sédimentaires ; sans ce soulèvement du granite les marnes qui s'appuient sur lui auraient conservé l'horizontalité propre aux sédiments marins. Entre les marnes et le granite se trouve interposée une bande étroite de grès, vestige d'anciennes plages consolidées ; la mer jurassique battait les falaises de l'immense île granitique, en pulvérisait les débris, et ce sable, cimenté plus tard par la chaux des eaux marines, se trouva transformé en un grès grossier, formation de rivage, reconnaissable aux graviers et aux galets qu'il empâte. Vous en verrez chez moi un bel échantillon que j'ai rapporté pour mon musée.

Sur le flanc occidental du Coyron croît en abondance l'*Echinops Ritro*, jolie composée, à fleurs en têtes arrondies, d'un bleu d'azur, recherchée dans le Nord pour la décoration des parterres. Cette plante était pour moi une vieille connaissance, j'ai vendu autrefois de nombreux paquets de sa graine. Elle attirait mon attention par sa beauté, mais surtout parce qu'elle était la seule plante un peu forte qui poussât sur ces marnes, en général rebelles à la végétation. Au bout d'une heure j'avais atteint la surface du plateau, dont l'altitude, du côté de Privas, n'est pas inférieure à 800 mètres. De là le Coyron s'allonge en s'abaissant vers le sud-est, émettant à droite et à gauche de nombreux rameaux qui donnent à l'ensemble une certaine ressemblance avec une feuille d'arbre lobée et découpée. Ce curieux plateau mesure 25 kilomètres dans sa longueur, sur un diamètre de 10 à 12 kilomètres dans sa plus grande largeur. Sauf à son extrémité nord, qui le relie à d'autres montagnes, il est complètement isolé de tous côtés, dominant le pays qui l'entoure par des versants abrupts hauts de 300 à 500 mètres. Le terrain jurassique au nord et à l'ouest, le crétacé inférieur à l'est et au sud, forment de leurs puissantes assises le corps de la montagne, et un manteau de laves basaltiques, épais de 100 à 200 mètres, en recouvre la surface entière. Ce revêtement volcanique dessine par sa tranche, sur tout le pourtour du Coyron, une bande continue ou un rempart d'un noir profond, qui contraste avec la teinte claire des marnes et du cal-

caire sous-jacents. A la surface du plateau s'étend une plaine onduleuse, peu plantée et assez monotone, mais elle est bien cultivée et
fertile, car, j'aurai l'occason d'y revenir, les matières volcaniques désagrégées par les siècles ne forment pas un mauvais sol.

C'est du haut des Coyrons que, pour la première fois, j'aperçus distinctement les Alpes du Dauphiné. Elles font, de l'autre côté du Rhône,
un digne pendant aux Cévennes, et je me propose bien de leur consacrer quelques semaines une autre année. J'espérais aussi apercevoir le
mont Blanc ; mais, aujourd'hui, pas de mont Blanc ; il ne se montre
qu'à de certains jours privilégiés, que, pour mon malheur, je n'ai pas
rencontrés dans mon voyage.

J'étais conduit à Freissenet par le désir de visiter une bouche volcanique que l'on m'avait dit exister tout auprès, et de laquelle serait sortie
une partie des laves du Coyron. Au nord du village existe en effet une
intumescence du sol couverte de scories, qui paraît bien avoir été un
lieu d'éruptions ; mais ce cratère, presque comblé, n'a rien de solennel
et est assurément disproportionné avec la quantité prodigieuse de laves
qui forme la couche supérieure du plateau ; il faut donc admettre qu'il
existe encore d'autres cratères ou tout au moins de nombreux filons,
par lesquels se sont élevés des profondeurs du sol les éléments de la
nappe qu'on voit aujourd'hui s'étendre à sa surface.

Un orage m'avait forcé de m'arrêter une demi-heure à Freissenet. La
pluie passée, je me remis en route ; quatre heures venaient de sonner,
et je n'avais pas loin de 12 kilomètres à faire pour atteindre Privas. On
m'indiqua un chemin qui devait abréger ma traite, seulement il était si
mal tracé sur le sol rocailleux du plateau, qu'il m'échappa au bout de
500 mètres, et je commençai à errer à l'aventure. En cherchant bien,
je finis cependant par retrouver mon sentier, qui, au bout d'une heure,
m'amena sur une route facile à suivre. A six heures, je passais auprès
de mines où je comptais prendre quelques échantillons du minerai qu'on
y extrait. Ce minerai, très riche en métal, est une hématite rouge (per-
oxyde de fer anhydre), intercalée dans les marnes jurassiques ; on l'exploite par puits et galeries, et on le traite dans les usines de la vallée
du Rhône, principalement à Lavoulte.

Quand je repris la route de Privas, des mineurs formant l'atelier de
nuit se rendaient en grand nombre à l'usine dans leur pittoresque tenue
de travail, c'est-à-dire vêtus d'une chemise à manches courtes, chaussés
de grandes bottes, et tenant une lampe à la main. Les bras, le cou, le
visage sont, chez ces hommes, couverts d'une poussière rouge qui les

ferait prendre pour les employés d'un abattoir. Ce sont de vrais Peaux-Rouges, mais des Peaux-Rouges mauvais teint, colorant ce qu'ils touchent, et je suppose que quand, rentrés chez eux, ils embrassent femme et enfants, ceux-ci doivent conserver sur leurs joues l'empreinte des lèvres paternelles peinte en rouge.

A sept heures, mon cher ami, j'étais dans Privas. Le directeur d'un des meilleurs hôtels de la ville, chez qui je me présentai, fit des difficultés pour me recevoir ; toutes ses chambres étaient occupées, me dit-il, et il était obligé de me loger en ville dans une annexe de sa maison. Il était clair que celui-là encore voyait en moi un pauvre sire devant mal payer et que, pour cette raison décisive, on loge le plus mal possible ; mais je lui déclarai que je ne me souciais pas de me séparer de mes effets ; que, puisque l'hôtel était plein, il pouvait se passer de moi, et qu'en conséquence j'allais loger ailleurs. A cette déclaration très nette, le bonhomme se ravisa, me demanda à réfléchir, et le résultat de ses réflexions fut que cinq minutes après j'étais installé dans une chambre fort propre, où je pus me sécher. Je lui pardonne volontiers son erreur, car vraiment je ne suis pas beau avec ma barbe de dix jours et mes vêtements fatigués par trois voyages en montagne ; je me fais peur à moi-même quand je passe devant une glace, et très certainement personne ne songera à attaquer un homme d'aussi mauvaise mine. Je me sens donc protégé par ma figure et puis me passer d'armes défensives, que j'ai eu soin cette fois de laisser à Paris. C'est déjà là un premier avantage de mon physique ; mais il en est un second, c'est que, me supposant moins de ressources, on est moins disposé à m'écorcher, aussi je vis partout à bon compte. Quand je descendis me mettre à table, l'hôtelier, soucieux de savoir à qui il avait affaire ou se conformant peut-être à un règlement de police, me pria d'inscrire sur son registre mes nom, profession, résidence, etc. Je n'eus garde de cacher la vérité, comme je l'ai fait en Auvergne l'an passé, et déclinai tous mes titres, même celui de membre honoraire de la Société anatomique, pour prouver à cet hôtelier dédaigneux que l'homme d'apparence modeste qu'il avait quasi repoussé n'est pas précisément « de la petite bière » et lui apprendre, une autre fois, à ne pas juger de la qualité des voyageurs d'après leur mise. Cette leçon lui profitera, j'espère, et ménagera un meilleur accueil à quelque pauvre diable qui, sans mon précédent, avait chance d'être éconduit : « C'est encore un agrégé de la Faculté de médecine de Paris, se dira l'hôte en voyant son aspect misérable, accueillons-le bien. »

DEUXIÈME SEMAINE

DE PRIVAS A JAUJAC

Saint-Jean-le-Centenier, 17 août.

La vallée du Rhône. — Le château et les escarpements de Rochemaure. Le pic de Chenavari.

Je ne vous dirai rien, mon cher confrère, du chef-lieu du département de l'Ardèche ; je n'y ai fait aucune attention. Vous le savez, les villes ne me regardent pas, ou plutôt c'est moi qui m'abstiens de les regarder, ayant à voir ici des choses, à mon sens, infiniment plus intéressantes et plus belles. Je ne puis cependant omettre de vous parler de la position et des environs de Privas, que je trouve très pittoresques. Cette ville s'élève sur une colline, au fond d'un bassin qu'entourent de trois côtés des montagnes hautes de 700 à 800 mètres ; c'est le Coyron au sud et à l'ouest ; au nord, la chaîne du haut Vivarais ; vers l'est, au contraire, ce bassin s'ouvre pour laisser passer l'Ouvèze, qui s'écoule vers le Rhône. Cette portion relativement basse du département n'est pas à proprement parler une plaine, car elle est relevée de mamelons dont quelques-uns dépassent 400 mètres de hauteur. Leurs versants sont plantés de vignes ; le mûrier et le noyer sont en possession des fonds, où l'on trouve également des prés et des cultures de céréales. Par exemple les moyens perfectionnés de battage n'ont pas pénétré jusqu'ici, on y est resté fidèle au procédé des Romains et des Orientaux ; des chevaux tournant en manège sur les gerbes détachent le grain ; quelquefois un rouleau en pierre promené sur l'aire égrène le blé, mais en même temps mutile la paille. Après le battage on la relève brisée, hachée et incapable d'être mise en bottes ; on en forme des tas où, pendant l'hiver, on va puiser au fur et à mesure des besoins. Un tarare fonctionne en permanence à côté de ces aires improvisées, et c'est fâcheux ; j'aurais préféré, pour compléter le tableau, voir de belles Ardéchoises jeter au vent le grain fraîchement battu, pour en séparer les glumes, comme le font encore les Orientales et les femmes arabes : c'eût été plus poétique.

4

A dix heures, j'allais, par l'embranchement de Privas, retrouver, au Pouzzin, la ligne de Rochemaure, où m'attiraient les derniers escarpements du Coyron et le pic de Chenavari. Pendant une heure, j'ai donc côtoyé le Rhône, dont j'ai trouvé la vallée très verte, très animée et très vivante, après l'avoir vue dépouillée de verdure et fort triste au printemps. Le Rhône est un grand et beau fleuve; malgré une sécheresse faite pour en abaisser le niveau, il coule encore à pleins bords sur une largeur de 600 mètres. Alimenté par les glaciers des Alpes, il ne manque jamais d'eau; si l'été est chaud, il fond une plus grande quantité de glace, ce qui compense les effets de l'évaporation; aussi ne voit-on pas, sur ses rives, de ces larges plages de sable comme la Loire en présente pendant la saison sèche.

Le Rhône est en ce moment trouble et limoneux ; c'est du reste son état normal, il coule rarement limpide. Les ravinements opérés dans les Alpes par la fonte des neiges jettent constamment dans le fleuve une masse considérable de roches et de terre, d'où la teinte bourbeuse d'une rivière qui, dans le cours d'une année, ne verse pas moins de 120 millions de mètres cubes de limon sur son delta, dont les atterrissements progressent de près de 60 mètres dans le même laps de temps. Cette progression est certaine; des constructions, situées sur le rivage il y a un siècle, en sont maintenant éloignées de plus de 5 kilomètres. Si énorme que vous paraisse cette masse de débris, qu'est-elle, comparée aux troubles des grands fleuves du monde; du Brahma-Poutre et du Gange, qui transportent chacun par an 500 millions de mètres cubes de limon; du Mississipi, dont les alluvions gagnent par places 500 mètres sur la mer chaque année? Quel puissant rabotage opéré sur les continents par les eaux météoriques, quelle destruction rapide des terres, si les mouvements du sol n'élevaient incessamment les anciennes et n'en faisaient surgir de nouvelles !

Les ponts en maçonnerie ou suspendus sont assez rapprochés sur le Rhône, et pourtant ils ne suffisent pas encore aux communications indispensables des deux rives; on y supplée par des bacs, dont j'admirais aujourd'hui l'ingénieux mécanisme. Je vous en dirais bien quelques mots, si je ne craignais d'abuser de votre patience en vous parlant d'une chose regardée comme vulgaire; je parierais cependant que nombre d'hommes ne connaissent ni le principe ni la chose.

A midi j'étais arrivé à Rochemaure, petite ville qui s'allonge au pied du Coyron, à 1 kilomètre environ du fleuve. Elle est bien déchue de son ancienne splendeur, qu'attestent les ruines colossales de son châ-

teau et de ses remparts. Ces remparts, construits en lave très dure,
sont assez bien conservés et renferment les restes de l'ancien donjon,
hissés sur un rocher de basalte fort élevé. C'est pittoresque et imposant à la fois.

Le temps était superbe, pas un nuage sur l'azur du ciel, mais la chaleur, accablante à cette heure, s'opposait à un départ immédiat pour
Chenavari ; en conséquence, je me jetai sur un lit d'auberge, après avoir
recommandé à l'aubergiste de me réveiller à quatre heures et de se
procurer d'ici là un âne que je trouverais tout sellé à sa porte, à mon
réveil. Mes instructions furent suivies ponctuellement par M. Michel,
l'aubergiste en question, et à quatre heures je commençais, sur le
roussin, l'escalade de Chenavari. Cette montagne s'élève de 500 mètres
environ au-dessus du Rhône, et, bien que cette altitude soit en réalité
assez faible, elle représente cependant une course terriblement longue
et pénible pour un piéton ; voilà pourquoi, n'étant pas encore bien
remis de mes fatigues d'hier, j'ai préféré faire cette course à âne.

Comme l'escarpement du Coyron est là très raide, la route qui le
gravit décrit de nombreux lacets, et par une idée que, pour ma part,
j'ai trouvée fort heureuse, ces lacets ont été tracés à travers l'enceinte
fortifiée, de sorte que, dans les allées et venues sur le versant, on doit
plus d'une fois entrer, sortir, entrer encore dans les remparts, comme
pour permettre au voyageur de jouir à différents niveaux de la vue de
cette imposante forteresse. A la fin cependant on en sort définitive-
ment, et le chemin continue à serpenter sur les escarpements supérieurs. Là le paysage grandit à chaque pas ; sur la montagne elle-même,
rien que d'assez terne : des pentes nues, d'une culture difficile et cependant cultivées ; mais sur la vallée du Rhône, le coup d'œil est fort
beau. Mon brave grison m'enlevait d'ailleurs avec une sûreté de pied et
une régularité de marche que j'appréciais vivement. Quel précieux animal que l'âne ! L'avez-vous bien compris, mon cher confrère ? J'en
doute ; on en obtient peut-être difficilement de la vitesse, mais comme
son allure est douce et régulière ! Avec lui, jamais de ces réactions
dures comme en a le cheval, et sur son dos on pourrait chevaucher indéfiniment sans fatigue. C'est la vraie monture de l'enfant et du vieil-
lard, et je me promets bien d'en user sur mes vieux jours. Je ne suis
même pas sûr de ne pouvoir, grâce à lui, continuer dans ma vieillesse
mes courses en montagnes ; que m'en coûtera-t-il de plus ? Un peu de
foin, quelques litres d'avoine, tout cela n'est pas ruineux.

A cinq heures nous étions arrivés, moi et mon âne, aussi haut que nous pouvions atteindre ensemble ; je laissai donc la bourrique en liberté, avec permission de manger d'un certain genêt épineux (*Genista scorpius*), fort abondant sur la montagne, et une demi-heure après j'avais atteint le point culminant de Chenavari. Arrivé là, j'éprouvai une déception, mais seulement en tant que géologue. Je m'attendais à y trouver un lieu d'éruption volcanique très instructif, il n'en fut rien. Chenavari est un simple rameau des Coyrons, pareil à ceux qu'offre ailleurs le pourtour de ce massif, et je n'y ai rien vu qui donnât lieu de croire que l'épaisse nappe de laves qui recouvre le corps calcaire de la montagne soit sortie du sol en cet endroit. Ces laves viennent de plus haut, elles ont suivi la pente des Coyrons, recouvert toute la plate-forme, et, arrivées à son extrémité, se sont déversées sur ses pentes, formant en se refroidissant le gros rocher sur lequel est bâti le château de Rochemaure.

Si le géologue a été chez moi légèrement désappointé à Chenavari, en revanche le touriste y a trouvé largement son compte, car, de ce sommet, le point de vue vers l'est est quelque chose d'admirable. La vallée du Rhône, assez étroite entre Livron et Rochemaure, s'élargit brusquement un peu au-dessus de cette ville, montrant d'innombrables habitations en partie cachées dans la verdure des mûriers. De l'autre côté du fleuve, on a devant soi les premiers gradins des Alpes, qu'entr'ouvre, vers le nord-est, la faille par laquelle passe l'Isère pour venir se jeter dans le Rhône au-delà de Romans ; vers le sud la chaîne s'avance de nouveau jusqu'au fleuve, alors contenu dans un défilé que commande Viviers, l'ancienne capitale du bas Vivarais ; enfin, tout à fait en face de Rochemaure, de l'autre côté du Rhône, se dessine la ville de Montélimar, que je regardais avec une curiosité mêlée d'une pointe d'attendrissement ; non pas, comme vous pourriez le croire, à cause de son nougat, mais parce qu'elle est devenue, au siècle dernier, l'occasion d'une découverte des plus importantes pour la géologie de notre pays, celle de la région volcanique de la France ; on n'en soupçonnait pas l'existence jusque-là. C'est en 1751 que Guettard et Malesherbes, deux académiciens du temps, passant à Montélimar, furent frappés de l'analogie de forme et de couleur des pavés de cette ville avec les laves qui servent au même usage dans la campagne de Rome. On leur apprit que ces pavés provenaient du rocher qui porte le château de Rochemaure et qu'ils abondent dans les montagnes du Vivarais. Les deux savants se mirent aussitôt en campagne, traversant le Vivarais, le Velay, l'Auvergne, et trouvant chaque jour des preuves nouvelles que notre pays a été autrefois travaillé par les actions volcaniques, dont les traces subsistent encore aujourd'hui dans les cratères, les dômes, les coulées de laves, etc., qu'on y rencontre à chaque pas. Ce fait important, Guettard chercha à l'établir dans un mémoire qui parut peu de temps après son retour, mais son observation était trop exacte pour être admise sans conteste, et dès l'abord on la combattit énergiquement; il fallait s'y attendre. Il y a, comme cela, dans toutes les sciences, de braves gens toujours prêts à repousser d'instinct une nouveauté, quelque judicieuse ou utile qu'elle puisse être. L'opposition de ces bons esprits n'arrête pas la marche du progrès, mais elle la ralentit, et pour eux c'est toujours cela de gagné. Les idées de Guettard sont aujourd'hui universellement admises, mais il est probable que lui et Malesherbes sont morts sans avoir vu rendre pleinement justice à leurs travaux.

Montélimar, mon cher confrère, était aujourd'hui en fête, je ne saurais dire à quelle occasion, et un ballon devait être lancé dans la soirée sous la direction d'un aéronaute parisien. En effet, quelques instants avant d'atteindre le sommet du pic, je voyais l'aérostat s'élever dans les airs; son trajet d'ailleurs fut court, et avant de quitter Chenavari, je le voyais regagner terre à quelques kilomètres seulement de son point de départ.

A sept heures j'avais effectué ma rentrée à Rochemaure. J'eus un instant la pensée de m'informer s'il n'y avait pas aujourd'hui une vogue à Montélimar et de ressaisir l'occasion de valser manquée avant-hier à Aubenas; mais, outre que les Dauphinoises auraient pu se montrer aussi dédaigneuses à mon égard que leurs voisines de l'Ardèche, je sentais mes jambes en trop mauvais état pour espérer faire bonne figure dans une salle de danse. Je priai donc M. Michel de me faire souper le plus promptement possible, et à huit heures je prenais un train de Vogué, qui me déposait à Saint-Jean-le-Centenier à neuf heures. Sur les indications que j'avais prises, je me présentai dans la meilleure auberge du pays, mais on refusa net de m'y recevoir; une personne était morte la veille dans la maison, et pour cette raison on ne pouvait m'accepter. J'eus beau protester qu'un mort ne me faisait nullement peur, que j'étais à cet égard sans préjugé; j'offris de coucher dans une chambre voisine, même dans la chambre du mort, si l'on ne pouvait m'en donner une autre, impossible de faire entendre raison à ces braves gens : il y avait chez eux un décédé, donc il me fallait aller coucher ailleurs. Je crois plutôt qu'on ne se souciait pas de recevoir un malheureux arrivant après l'heure du souper et ne devant faire à l'auberge qu'une

dépense insignifiante. Je commence à souffrir sérieusement, mon cher
ami, des ennuis que m'attire ma tenue, et l'an prochain j'en adopterai
une autre qui dispose mieux en ma faveur. Je ne puis cependant pas
me suspendre au cou un écriteau avec ces mots : « Docteur B...,
voyage en touriste, ne faites pas attention à sa mise, peut payer. »
Heureusement pour moi, un second cabaret fut plus accueillant ; heureusement encore, il n'avait pas de lit à m'offrir (avec des puces probablement), si bien que le grenier à foin devint mon domicile de la nuit,
et bien je m'en trouvai, je vous l'affirme.

Villeneuve-de-Berg, 18 août.

Les grottes de Montbrul. — Le château de Mirabel. — Le Pradel.

Saint-Jean-le-Centenier, mon cher ami, est un curieux village situé
au pied du Coyron, sur la ligne de collines qui sépare les deux vallées
de la Claduègne et de l'Escoutay ; on l'appelle encore Saint-Jean-le-Noir
à cause de la couleur noire de ses maisons, bâties en laves très sombres.
Ce doit être une ancienne ville forte, autrefois resserrée dans ses remparts, car les habitations sont massées autour de l'église et séparées
par d'étroites ruelles où le jour pénètre à peine. J'avais besoin d'un
homme pour porter Azor, et le cabaretier qui avait mis son foin à mon
service s'étant offert pour m'accompagner, nous partîmes à six heures
du matin pour les grottes de Montbrul (*Mont brûlé ;* chose remarquable,
le peuple des campagnes connaissait l'origine volcanique de certaines
montagnes du centre longtemps avant que la science soupçonnât le
fait), grottes situées à 5 kilomètres de Saint-Jean-le-Noir, tout près de
la route de Villeneuve-de-Berg à Privas. De ce côté-ci des Coyrons, le
revêtement basaltique du plateau comprend, outre des laves prismatiques compactes, des conglomérats moins durs formant d'énormes
rochers aux formes les plus étranges. C'est dans ces rochers qu'ont été
creusées de main d'homme des loges ou chambres dont quelques-unes
sont habitées ; elles sont un peu sombres, mais spacieuses, suffisamment aérées et en somme très habitables. Que ces cases soient dues au
travail de l'homme, on n'en saurait douter : les parois, les voûtes portent
partout la trace manifeste de l'outil qui a servi à les creuser ; il me
paraît même certain que ces outils n'étaient pas des silex, mais bien du
métal, ce qui assignerait aux grottes de Montbrul une origine moins
ancienne qu'on ne l'a cru. Outre l'intérêt que ces rochers puisent dans

les curieuses habitations qu'on y voit, ils en présentent par eux-mêmes un autre, plus considérable encore, qui tient à leurs formes bizarres et à leurs caractères géologiques.

Après une demi-heure de repos prise à Montbrul, je m'acheminai vers le village de Mirabel, qui s'élève à 6 kilomètres de là, dans une position des plus pittoresques. J'avais lu dans Beudant qu'auprès de Mirabel la croûte basaltique du Coyron présente des entonnoirs regardés comme l'orifice de cheminées d'éjection des laves, et que celles-ci auraient formés en se retirant vers les profondeurs du sol, à la fin des éruptions. Naturellement, dans mon ardeur géologique, je tenais à voir ces entonnoirs si curieux, et voilà pourquoi, mon cher ami, vous me voyez affronter les fatigues d'une ascension à Mirabel, car ce fut une ascension véritable, et des plus pénibles. De Montbrul, en effet, il nous fallut descendre jusqu'au lit de la Claduègne et remonter ensuite un versant de 300 mètres pour regagner le sommet du Coyron. Sur ce versant, le sol est crayeux, et l'on y voit prédominer le noyer, qui, vous le savez, est par excellence l'arbre des terres calcaires. On y trouve aussi en abondance le joli *Catananche cœrulea*, gracieuse immortelle d'un bleu lilacé, dont la vue, comme celle de l'*Echinops ritro*, évoquait en moi les souvenirs lointains de ma vie d'horticulteur.

Une heure et demie de marche nous avait amenés au pied de la noire falaise qui couronne le plateau. De cette falaise se sont autrefois détachés d'énormes rochers, auprès desquels s'élèvent de préférence les habitations, peut-être à cause de l'abri qu'elles y trouvent, peut-être aussi parce que, ayant les matériaux sous la main, on y construit à meilleur compte. C'est ce qui est arrivé au hameau de la Baume, bâti en pierres si noires, qu'à une petite distance on ne distingue pas les maisons des rochers environnants; ce n'est, pour ainsi dire, qu'en les touchant qu'on s'aperçoit qu'il y a là des habitations et des hommes.

A neuf heures et demie, ayant perdu le moins de temps possible, nous étions, mon guide et moi, sur le plateau de Mirabel et en quête des fameux entonnoirs, que je n'ai pas eu la chance de découvrir. Peut-être les voyait-on bien autrefois, mais aujourd'hui que la culture s'est partout emparée du sol, les curiosités géologiques du plateau de Mirabel se dissimulent sous les champs de blé et sous les prairies. Déçu dans mes instincts de géologue, je me rabattis encore une fois sur mes goûts d'alpiniste, et vraiment il y avait là de quoi les satisfaire. De ces hauteurs, en effet, l'œil suit facilement vers le nord les curieuses découpures du Coyron; vers le sud je voyais le Pradel dans la vallée, et, par delà, la ville de Villeneuve-de-Berg, assise sur une terrasse à mi-hauteur des montagnes de la rive gauche de l'Ardèche, tandis que le Tanargue et les montagnes de Thueyts fermaient majestueusement l'horizon vers l'ouest; magnifique tableau.

Avant de quitter le plateau, j'allai voir de près une vieille tour carrée, seul reste du puissant château de Mirabel, qui se dresse tout au bord de la falaise, juste au-dessus du village; c'est solidement construit, comme il converrait à un château fort du moyen âge. Aujourd'hui cette tour, bien déchue de son ancien rôle, est devenue un modeste pigeonnier; c'est moins noble, mais plus utile et plus conforme à notre civilisation actuelle. Il y a soixante ans, le dernier propriétaire de la famille de Mirabel, redoutant de voir sa tour s'abattre sur le village, l'a vendue, avec les terres environnantes, pour la somme de 400 francs. C'était une crainte chimérique, car la tour est solide, la falaise qui la supporte l'est plus encore, et bien des générations humaines passeront avant que le temps ait eu raison de ce vieil édifice.

Un morceau de fromage et un verre de vin nous mirent à même de continuer notre route; je me rendais au Pradel, et une heure de descente sur le flanc du Coyron m'amenait auprès d'une clôture qui paraissait être la limite du domaine du côté de la montagne. C'est avec une véritable émotion, mon cher ami, que je franchis cette porte et m'engageai sur ce sol, longtemps l'objet des soins du premier agronome de notre pays, d'Olivier de Serres, le père de l'agriculture française et, pourrait-on ajouter, le père de l'agriculture moderne dans toute l'Europe. Aujourd'hui encore, le Pradel est la propriété d'un de ses descendants, M. le comte de V..., qui, ne partageant pas les goûts de son aïeul pour la vie champêtre, n'y réside qu'une partie de l'année. Autant que j'en ai pu juger, le sol du Pradel est une bonne terre calcaire, profonde, qui, sous la culture éclairée d'Olivier de Serres, devait donner de magnifiques produits. Les arbres y viennent à merveille, et j'y voyais de vieux mûriers déformés par le temps, qui pourraient bien avoir été plantés par ses mains. Les oliviers, les amandiers et les noyers y sont également nombreux.

Au bout de vingt minutes je touchais aux premiers bâtiments de la ferme et m'informais si M. de V... était chez lui; sur la réponse affirmative des paysans, je me présentai à l'habitation et demandai à parler au propriétaire. Le domestique à qui je m'adressai me prit sûrement pour un mendiant, car, après un moment d'hésitation et avec un sourire embarrassé, il me déclara que M. de V... était absent et que je ne pouvais être reçu pour le moment. Comme un instant auparavant on m'avait affirmé le contraire, j'insistai pour qu'il portât ma carte à son maître, et un instant après ce dernier vint me recevoir très poliment et me fit entrer. Je lui fis savoir que, fils d'un cultivateur et m'intéressant aux choses de l'agriculture, je venais lui demander la permission de visiter une propriété devenue justement célèbre par le souvenir de son ancêtre. Nous causions depuis quelques minutes, quand entra Mme de V..., belle et gracieuse brune, que je ne m'attendais guère à voir. J'étais assez honteux, je vous l'avoue, de paraître devant elle dans un si triste accoutrement; j'essayai de tourner la chose en plaisanterie, j'excusai comme je pus ma tournure d'ours mal léché; mais au fond j'étais profondément humilié de n'avoir pas une mise plus digne de la réception gracieuse de la châtelaine; vous le comprenez, mon cher confrère, une aussi charmante femme! M. de V... avait bien besoin de déranger sa femme et de m'attirer tant de confusion; ces maris n'en font jamais d'autres! Instruite du but de ma visite, Mme de V... s'empressa de mettre à ma disposition les documents concernant Olivier de Serres, que l'on conserve dans la famille, et d'abord son portrait à l'aquarelle peint par son fils, et d'après lequel ont été faits les toiles et les bustes ou statues qui le représentent; puis son testament écrit de sa main, où l'on apprend que le seigneur du Pradel ne s'appelait pas *de Serres*, mais *des Serres;* sa signature, que j'ai vue, de mes yeux vue, porte ce nom, et, d'autre part, ses armes parlantes sont de trois serres d'aigle; ensuite un registre assez volumineux relatif à la gestion du Pradel pendant l'année 15... Ce sont, comme vous le voyez, mon cher ami, des pièces extrêmement précieuses, des reliques vénérables, que j'ai eu cet avantage insigne de tenir un instant dans mes mains. J'ai fortement insisté pour qu'elles soient l'objet d'une publication, fort importante pour l'histoire de l'art agricole en France, et que s'empresseront d'acquérir les érudits et les amis de l'agriculture. Je m'inscris de suite pour une dizaine d'exemplaires.

Après avoir pris congé de Mme de V..., qui, par une bonté dont je ne saurais trop la remercier, voulait me retenir à déjeuner, je sortis avec son mari pour visiter ce qui reste du Pradel d'Olivier de Serres. Hélas! c'est bien peu de chose. Nulle part peut-être les guerres de religion n'ont sévi avec plus d'acharnement qu'en Vivarais, qui, par sa topographie, se prêtait à une lutte prolongée. Après une résistance héroïque de son châtelain, Daniel de Serres, fils d'Olivier, le Pradel, pris par un parti de catholiques, fut rasé comme domaine protestant. Une seule encoignure du château, portant une petite tourelle en encorbellement, subsiste encore. Cette tourelle a été comprise dans la cage de la maison actuelle, grand bâtiment rectangulaire sans caractère. Les caves voûtées de la maison paraissent aussi avoir fait partie de l'ancien château. On montre encore, comme ayant existé du temps d'Olivier de Serres, deux gros mûriers noueux placés de chaque côté de la principale porte du jardin ; ce seraient, dit-on, les premiers mûriers introduits par lui dans le pays ; puis un préau entouré d'un vieux mur, dans lequel on voit une statue mutilée et quelques arbres qui pourraient bien, en effet, compter plusieurs siècles d'existence ; une petite construction couverte en lauze abritant une fontaine à l'entrée du parc ; enfin, dans celui-ci, des chênes séculaires tombant de vétusté, sous l'ombrage desquels le seigneur du Pradel a médité peut-être les plus belles pages du *Théâtre d'agriculture*.

Son domaine est aujourd'hui quelque peu négligé, le propriétaire actuel, descendant des anciennes familles des de Serres, de Surville et de Mirabel, l'habitant peu. Malgré tout, la grande âme d'Olivier de Serres semble planer encore sur ces restes délaissés et proclamer les services rendus à l'humanité entière par ce premier et plus illustre des agriculteurs français. Olivier de Serres, mon cher ami, a été un des initiateurs de la science moderne les mieux inspirés. Précurseur des Descartes et des Bacon, il a su, par la seule force de son esprit, s'élever aux vrais principes de la méthode scientifique, l'observation fécondée par l'induction, et, les appliquant à un art tout spécial, l'amener du premier coup à un degré de perfection inconnu avant lui. Sans doute il ne connaissait ni le labourage à la vapeur, ni les engrais chimiques, ni les instruments aratoires perfectionnés, mais l'aménagement des engrais, les fumures vertes, la préparation mécanique du sol, l'économie du travail agricole, la pratique du drainage, etc., sont enseignés par lui d'une façon magistrale, et l'agronome le plus éclairé de nos jours n'aurait à désavouer aucun des préceptes qu'il a émis sur ces divers éléments de l'exploitation du sol. Comme l'a fait récemment Mathieu de Dombasle, il a mis en honneur un art abandonné jusque-là à l'ignorance et à la routine, et a montré toute la noblesse d'une profession que, pour ma part, je me suis habitué à considérer comme la plus honorable et la plus belle après le métier des armes. Eh bien, cependant (disons-le à la honte du triste souverain d'alors), cet homme de bien, ce grand homme, ses travaux, ses écrits, les services rendus à son pays, le souvenir de sa vie paisible, n'ont pu sauver sa maison des fureurs de la guerre ; le

Pradel fut envahi, saccagé, incendié, et de cette demeure qui avait abrité le plus utile et le meilleur des Français, il ne resta bientôt debout qu'un pan de mur que la piété de ses descendants a su nous conserver. Au dire des biographes, Olivier de Serres a succombé le 2 juillet 1619, à l'âge de quatre-vingts ans; cependant on ne trouve nulle part de documents relatifs à sa mort et à sa sépulture. On suppose qu'il a été inhumé dans quelque endroit du Pradel, comme c'était alors assez l'usage chez les protestants. Cette supposition se trouve corroborée par la présence de quatre vieux cyprès qu'on voit s'élever sur un versant de la vallée, et que de temps immémorial on nomme le *Tombeau.* Mme de V... voudrait qu'on y fît des fouilles, elle a raison; son mari résiste, mais finira par céder; vous le savez, ce que femme veut...

On doit regretter, mon cher ami, que depuis longtemps l'État ne se soit pas rendu acquéreur du Pradel pour y fonder une école d'agriculture; c'est sa destination tout indiquée. Une propriété nationale peut seule, par la longévité de son possesseur, être à l'abri du morcellement et de la destruction, et le domaine d'Olivier de Serres ne doit pas périr.

A midi je saluai M. de V.., à la porte du parc et pris la route de Villeneuve-de-Berg, qui me fit traverser plusieurs fois le lit de la Claduègne, presque à sec en ce moment. Dans cette vallée, située au pied des montagnes et sous l'éclatant soleil du Languedoc, régnait une chaleur torride, et depuis six heures j'avais tellement transpiré, que, malgré la marche, ma peau restait sèche, n'ayant plus d'eau à rendre; j'étais momifié. Heureusement qu'à une heure je trouvais à m'humecter de nouveau à la gare de Villeneuve-de-Berg, où j'arrivais à trois heures de l'après-midi. Mon premier soin fut de réparer mes forces par deux heures de sommeil; j'allai ensuite me promener un peu par la ville, visiter la maison qui a vu naître Olivier de Serres et saluer la statue qu'on lui a élevée sur une esplanade, après quoi je revins dîner et commencer ma nuit.

Les grottes de Vallon. — Le pont d'Arc.

J'ai consacré les premières heures de la journée à la géologie, en allant voir, près de Villeneuve-de-Berg, la montagne de Chamarelle, où s'est accompli un phénomène géologique des plus curieux. Un filon de basalte, refoulé de l'intérieur du globe, est venu imprégner la masse calcaire de la montagne, pénétrant dans ses moindres fissures et y formant un réseau des plus délicats et des plus fins; c'est au point que, dans certaines parties de ce calcaire, on trouverait difficilement un fragment gros comme une noix qui ne contînt un ou plusieurs filaments de lave. Vous n'avez pas oublié ce qui se passe dans nos injections artérielles quand le piston de la..., comment dirai-je? de l'appareil injecteur enfin, a été poussé trop brusquement; des vaisseaux se brisent et la matière injectée passe dans le tissu cellulaire environnant. C'est quelque chose d'analogue qui a eu lieu à Chamarelle, avec cette différence que le suif coloré de nos injections anatomiques est remplacé ici par du basalte, et le tissu cellulaire par des bancs de calcaire néocomien. A mon retour, je vous montrerai mes échantillons, et, si peu géologue que vous soyez, vous jugerez s'ils ne valent pas les quelques kilomètres que j'ai dû faire ce matin pour les aller chercher.

A midi je me trouvais encore une fois à la gare de Villeneuve-de-Berg, d'où un train m'emmenait vers Vallon par les deux vallées de l'Auzon et de l'Ardèche. Cette dernière, qui avait fait mine de s'élargir près d'Aubenas, se resserre de nouveau à Vogué, berceau d'une illustre famille que les événements ont amenée à se fixer près de mon pays. A Balazuc, l'Ardèche coule dans un profond ravin qu'on dit très pittoresque, mais que, malheureusement, je n'ai pu voir de mon wagon. Maudit wagon, maudits chemins de fer, ils sont la ruine des voyages d'alpinistes, mais comment les éviter complètement quand, comme moi, il faut en quelques jours passer par tant d'endroits éloignés?

A une heure, notre train s'arrêtait à la station de Ruoms-Vallon, distante de cette dernière ville d'à peu près 5 kilomètres. Un seul omnibus la dessert, et les voyageurs étaient exceptionnellement nombreux aujourd'hui. Prévoyant des compétitions, je me hâtai d'escalader la banquette et m'y installai en dépit des rayons brûlants d'un soleil des tropiques. Après moi un jeune homme, âgé de dix-huit ans au plus, y fut hissé par deux gendarmes; le malheureux n'était pas en état d'y monter seul, ayant les mains étroitement réunies par une chaîne que maintenaient en place deux solides cadenas. Il s'assit à l'autre bout de la banquette, et l'un des gendarmes prit place entre nous deux. Chemin faisant, ce dernier me confia que son prisonnier allait passer sous peu en cour d'assises sous la prévention d'assassinat; il y a quelques jours, il avait assommé une vieille femme à coups de pierres pour lui voler trente sous. C'était un piètre résultat pour un aussi grand crime; on pourrait, il est vrai, alléguer pour excuse qu'il avait espéré trouver mieux. Nous partîmes, mais, 500 mètres plus loin, un cabaret s'étant trouvé au bord de la route, notre voiture s'y arrêta. Vous connaissez, mon cher ami, l'attrait irrésistible qu'exercent les cabarets sur les conducteurs des voitures publiques; le nôtre n'échappait pas plus que ses congénères à cette influence fascinatrice; il entra dans la maison, où plusieurs voyageurs le suivirent. Comme le temps d'arrêt se prolongeait, la contagion de l'exemple finit par me gagner, et j'entrai à mon tour prendre un verre de bière, mais auparavant je fis porter un bock à chacun des bons gendarmes, parce que ce sont les protecteurs attitrés des honnêtes gens, et un troisième bock au prisonnier, parce qu'un homme, si coupable qu'il soit, est un membre de l'humanité, et qu'à ce titre il a encore droit à des égards. Il accepta et, malgré ses entraves, vida son verre d'un trait, comme un homme qui n'a pas bu depuis longtemps.

Le léger service rendu à ce misérable n'était sans doute chez moi que l'effet d'un bon mouvement; peut-être cependant entrait-il dans mon action de la prévoyance et du calcul, et, sans trop me l'avouer, je me disais que, suivant la promesse de l'Évangile, ce verre de bière donné à un malheureux trouverait par la suite sa récompense dans ma famille. Suis-je assuré qu'un homme, né de moi, n'ira pas un jour, sous la garde de soldats et les mains garrottées, rendre compte aux hommes d'une action criminelle? (Qui peut se flatter de voir sa postérité se maintenir indéfiniment dans les voies de la probité et de l'honneur?) Et si ce malheur atteint jamais quelqu'un des miens, n'est-il pas sage, par une bonne action faite aujourd'hui, de m'être donné des chances que ma voix soit écoutée, quand mes cendres crieront à la foule attroupée en un cortège d'ignominie : « Ayez compassion du descendant coupable d'une famille honnête, pitié pour mon malheureux enfant, portez un verre d'eau à mon petit-fils déchu! »

Tout en roulant vers Vallon je regardais de temps en temps l'homme aux cadenas ; il était proprement vêtu, ses traits étaient fins et réguliers, l'expression de son visage douce et sympathique ; c'était ce qu'on peut appeler un joli garçon, et en rapprochant ces avantages extérieurs de mon misérable costume de voyage et de la tête inculte que me faisaient des cheveux coupés ras et une barbe de quinze jours, j'étais forcé de m'avouer que, de nous deux, celui qui avait le plus l'air d'un malfaiteur, c'était moi. En conséquence, avant d'entrer dans la ville, j'avisai aux moyens d'éviter un quiproquo fâcheux pour mon amour-propre et cherchai à me donner une contenance qui dissipât toute équivoque. J'avais des gants sur moi, et je les mis (d'ordinaire messieurs les assassins n'en ont pas) ; j'ouvris ensuite mon ombrelle, ce qui laissait voir mes mains libres de toute entrave et disait clairement aux passants : « Vous voyez bien, je ne porte pas de cadenas, j'ai les mains libres, ce n'est pas moi qu'on emmène, c'est l'autre. »

A deux heures nous étions à Vallon ; les gendarmes, naturellement, entrèrent à la gendarmerie avec le délinquant, et moi j'entrai à l'*Hôtel du Louvre,* où s'arrête l'omnibus. Je me demandais ce que signifiait cette enseigne prétentieuse ; Vallon avait-il un Louvre, ou bien n'était-ce qu'un moyen d'affirmer la supériorité de cette maison sur les autres hôtels de la ville ? Le fait est que l'*Hôtel du Louvre* de Vallon est excellent et qu'on y trouve des attentions qu'on n'a probablement pas dans son homonyme de Paris, par exemple le soin de garnir les lits de moustiquaires ; elles remplacent les rideaux et forment de grandes pyramides de gaze fixées au plafond par leur pointe, et dont la base repose sur le plancher en enveloppant le lit de tous côtés. Pour vous coucher vous soulevez prestement un coin de cette tunique légère, et, une fois installé sous votre cloche, vous êtes dans une forteresse inexpugnable pour la gent mordante et bourdonnante, qui bruisse vainement sans vous atteindre.

Après avoir éprouvé, par un somme de deux heures, la mollesse de mon lit et les avantages des moustiquaires, je me rendis à pied à Vieux-Vallon, hameau situé tout en haut d'une montagne, à 2 kilomètres de la ville, à l'effet de m'entendre avec M. Frédéric Eldin au sujet de la navigation que je compte faire demain. Moyennant 30 francs cet homme s'engage à me faire conduire par eau de Vallon à Saint-Martin, c'est-à-dire à me faire voir, sur un parcours de 40 kilomètres, la portion la plus curieuse et la plus belle du cours de l'Ardèche ; je vous en parlerai demain, mon cher ami. En attendant, M. Eldin me proposa de visiter des grottes qui lui appartiennent, proposition que j'acceptai avec l'empres-

sement naturel à un homme qui n'aspire qu'à voir des choses neuves,
surtout lorsqu'elles concernent la nature et la géologie. Nous partîmes
donc pour ces grottes, dont l'entrée se trouve à une heure de marche
de Vieux-Vallon, au sommet d'un haut plateau calcaire. Pendant le trajet, M. Eldin me raconta comment il avait découvert cette caverne. Il
y a trente-six ans il chassait dans cette partie de la montagne, quand
un lapin, vivement poussé par son chien, disparut dans un trou. Rien
que de très ordinaire dans ce fait, et la découverte des grottes aurait
encore été ajournée si le lapin seul se fût engagé dans l'ouverture; mais
le hasard permit que le chien y pénétrât à son tour et n'en pût sortir.
M. Eldin, inquiet pour sa bête, agrandit le trou et après quelques coups
de pioche arrivait à l'entrée d'une cavité qu'au moyen de cordes et
d'échelles il se mit à explorer. Il y trouva des choses superbes, fit scel-
ler des échelles en fer, ferma d'une porte l'entrée de la caverne, et
depuis cette époque tire parti de sa découverte en montrant, moyennant rétribution, sa grotte aux étrangers. Après une longue ascension
sur les flancs du plateau, nous étions arrivés à l'entrée du souterrain;
une clef cachée sous un buisson fit grincer la serrure, une lourde trappe
en fer fut soulevée, on alluma des chandelles, et M. Eldin commença à
descendre. A mon tour je mis le pied sur l'échelle et, progressant à
la façon des écrevisses, m'enfonçai dans un puits qui, après une descente de 25 mètres, m'amena dans une chambre spacieuse, aux parois
anfractueuses, où m'apparut un spectacle d'une merveilleuse beauté.
Toutes les formes que peut revêtir l'albâtre se trouvaient réunies dans
ce palais des Fées : ici longues aiguilles suspendues aux voûtes par centaines ; en maints endroits fines colonnettes reliant le sol de la grotte
à sa voûte. Un pilier de 10 mètres de longueur sur près de 4 mètres de diamètre, détaché par quelque ébranlement de la montagne,
gît à terre depuis des siècles. Sur les parois de la grotte s'étalent d'immenses draperies translucides, donnant lieu à tous les effets possibles
d'ombre et de lumière dans leurs replis ondoyants ; partout proéminent
les fines arborisations d'une végétation calcaire, simulant des prairies
couvertes de neige; toutes ces surfaces enfin parsemées de paillettes
cristallines aussi étincelantes que les plus beaux diamants. On reste
muet d'étonnement devant les splendeurs magiques de ces cristallisa-
tions du marbre. Au milieu du silence de mort qui règne dans ces profondeurs, l'oreille saisit de temps en temps le bruit presque imperceptible que produit, par sa chute, l'agent infime et mystérieux de cet
éblouissant travail, la goutte d'eau. C'est elle qui, chargée de l'acide

carbonique de l'air, s'infiltre dans la roche calcaire, en dissout la substance, y creusant les conduits sinueux, les galeries étroites ou les larges
nefs qu'on y voit aujourd'hui. C'est elle encore qui, déposant par évaporation le calcaire dissous, forme, avec les siècles, les stalactites, les
stalagmites, les colonnes, les voiles admirables qui s'étalent en tant
d'endroits. Elle poursuit son œuvre d'une manière incessante depuis
l'origine des choses, creusant de nouveaux canaux, dissolvant les montagnes, en arrachant la chaux et la silice et restituant ces principes aux
mers pour l'édification de nouvelles couches, continents de l'avenir,
qui périront à leur tour sous l'action des météores. Comment ne pas être
saisi d'admiration devant ces manifestations étonnantes d'une Puissance
infinie, qui, avec d'aussi faibles moyens, sait accomplir d'aussi belles,
d'aussi grandes choses ! « O hommes, si fiers de votre intelligence et si
vains, sauriez-vous, comme la goutte d'eau, pétrir l'albâtre et en tirer
la moindre des merveilles accumulées dans les grottes de Vallon ? Cessez donc de vous enorgueillir des œuvres misérables qui sortent de vos
mains ; ce qui vient de vous est petit, Dieu seul est grand ! — Bravo,
confrère, allez-vous dire, ne vous arrêtez pas en si beau chemin, con-
tinuez sur ce ton d'un lyrisme si réjouissant, Bou-Maza lui-même n'aurait pas mieux dit. » Tant que vous le voudrez, mon cher ami, moi, je
soutiens que le Parthénon et l'Alhambra sont bien peu de chose, com-
parés à ce que j'ai vu ce soir dans les grottes de Vallon. Ces grottes,
mon cher confrère, comprennent plusieurs chambres reliées entre elles
par d'étroits passages ; malheureusement, au lieu d'être disposées ho-
rizontalement, ces chambres sont superposées, et, pour les visiter toutes,
il aurait fallu recommencer à m'enfoncer d'une centaine de pieds dans
le sol, et nécessairement avoir ensuite à remonter d'autant. J'ai reculé
devant cette fatigue et m'en suis tenu à l'examen de la première cavité ;
ce qu'elle renferme, je vous l'ai dit, est d'une beauté indescriptible, et
non seulement l'œil, mais aussi l'oreille, peut y trouver du charme ; en
frappant avec un petit marteau de bois sur certaines parties des draperies, on en tire des notes musicales d'une grande pureté et d'une étendue considérable, qu'un habile musicien saurait combiner en un assem-
blage des plus harmonieux.

Quand je quittai la caverne, deux heures de jour me restaient ; c'était
autant qu'il m'en fallait pour aller voir le pont d'Arc, qui n'est qu'à 2 kilomètres des grottes. M. Eldin, libre de sa soirée, m'y conduisit par des
sentiers qui abrègent notablement le chemin. Tout en me rapprochant
de l'Ardèche, j'examinais le terrain sur lequel nous marchions ; c'est

un calcaire compact, très dur, infertile, où ne poussent que des buissons clairsemés, formés surtout de genévriers, dont les uns, à petits fruits, ne diffèrent pas de ceux du Nord, dont les autres portent des baies grosses comme des merises (*Oxycedrus macrocarpa*). Cette végétation arborescente couvre à perte de vue le sommet et les flancs du plateau. Comme revenu d'argent, c'est nul, mais on en tire une autre rente en plaisir et en produits de chasse. A l'automne on voit s'abattre par milliers, sur cette lande, la grive litorne (*Turdus pilaris*), très bel oiseau aux pieds noirs et au plumage agréablement varié de noir, d'orange et de cendré ; elle vient manger les fruits du genévrier, et reste là jusqu'à ce que la dernière baie ait disparu. On en tue alors des quantités énormes soit au vol quand on est bon tireur, soit plus simplement en se mettant à l'affût dans un endroit convenable, et pour M. Eldin, cette chasse est des plus fructueuses. Heureux Eldin, heureux, cent fois heureux de posséder un pareil éden ! Au séduisant récit de ses chasses je sentais repiquer de plus belle ma vieille passion de chasseur dont je me croyais pourtant délivré à tout jamais ; je ne réponds pas maintenant que, l'hiver prochain, je n'irai pas lui rendre visite et essayer mon adresse sur les grives de sa montagne. Ce sera le comble de la déraison que ce voyage, entrepris à l'époque la plus occupée de l'année ; je le regretterai ensuite, je sens néanmoins qu'il me sera impossible de m'y soustraire. Est-ce malheureux pour un homme, mon cher ami, d'être ainsi le jouet du paradoxe ! Mon savant maître Z. m'aurait-il donc bien jugé ? Quand je vois à quel point l'idée fausse me séduit et m'attire, je crains vraiment qu'il n'ait raison.

Une petite heure de marche à travers les genévriers nous amenait au pont d'Arc, une des curiosités les plus justement célèbres de notre pays. Comme son nom l'indique, le pont d'Arc est un pont naturel, sous lequel passe l'Ardèche ; c'est une belle arche régulière, de 54 mètres d'ouverture à la base et de 32 mètres d'élévation au-dessus du niveau moyen des eaux ; l'épaisseur de la voûte est encore d'une trentaine de mètres, ce qui donne au pont 60 mètres de hauteur totale ; sa largeur enfin est d'environ 20 mètres. Du côté du sud, l'arche fait corps avec la haute falaise crayeuse de la rivière ; par son extrémité nord, elle repose sur un rocher qu'entoure l'ancien lit de l'Ardèche, aujourd'hui converti en un verger en fer à cheval bien cultivé. De ce rocher on peut passer sur l'autre rive par le pont d'Arc, mais non sans courir le risque de prendre un bain ou même de se rompre le cou ; car si la nature a su former ce pont, elle a tout à fait oublié d'y tracer une voie sûre et munie de parapets pour la sécurité des personnes sujettes au vertige; c'est en suivant une crète étroite et inégale qu'on parvient à le franchir. Des pâtres effectuent cette traversée; moi, j'ai cru plus prudent de ne pas la tenter.

Maintenant, mon cher ami, comment s'est formée cette curieuse arcade? Son origine peut embarrasser quelques personnes, elle n'a pas d'obscurités et de secrets pour un géologue; elle s'explique de la façon la plus simple et la plus claire par le mécanisme connu des *Boucles ;* laissez-moi vous en dire quelques mots. Vous n'êtes pas sans savoir ce qu'on entend par la « boucle » d'une rivière; c'est un circuit plus ou moins étendu entourant une presqu'île qu'un isthme d'une largeur variable relie au territoire voisin. Un des plus beaux exemples de ce fait est la boucle que la Marne décrit à quelques lieues de Paris, près de Champigny; elle est bien connue des canotiers parisiens, et peut-être vous-même l'avez-vous suivie en barque. La Marne, venant de l'est, se détourne brusquement à Joinville, contourne la presqu'île de Saint-Maur, et, arrivée à Créteil, reprend sa direction vers l'ouest, pour venir se jeter dans la Seine à Charenton. Or, l'observation nous apprend que, dans le point où un cours d'eau se dévie de la sorte pour commencer sa boucle, le courant attaque vigoureusement la berge qui le fait dévier, la corrode et la détruit plus vite que les autres portions de ses rives. Mais le même travail s'accomplit à la fin de la boucle, lorsque la rivière reprend sa direction première; d'où il suit que les deux angles de déviation du courant marchent à la rencontre l'un de l'autre, rétrécissant progressivement l'isthme qui les sépare, lequel finit par être entièrement coupé. Les eaux, trouvant là une voie plus directe et plus rapide, s'y précipitent et abandonnent la boucle, qui reste à sec ou se transforme en un marais que le temps comblera peu à peu. Si les berges sont basses et formées d'un terrain délayable, les choses se passent exactement comme je viens de le dire, un canal à ciel ouvert prend naissance et la rivière se redresse. Mais si l'isthme donnant accès dans la presqu'île est une haute masse de roches solides, comme au pont d'Arc, le cas est un peu différent; le sommet de la falaise échappe à l'action corrosive du courant, sa base seule se trouve attaquée et détruite, et avec le temps il s'y creuse une ouverture ou une arche, qui transforme l'isthme en un pont naturel. Impossible de supposer que le pont d'Arc ait pris naissance d'une autre manière; je vous l'ai dit, on voit là avec la dernière évidence l'ancien lit de l'Ardèche, la presqu'île rocheuse entourée autrefois par la boucle, l'isthme de cette presqu'île enfin, troué à sa base et n'existant plus qu'à l'état de pont, que le temps détruira un jour, comme toutes les choses de ce monde, mais pour en édifier un nouveau sur un autre point où se rencontreront les conditions favorables à la reproduction du phénomène. Pour en revenir à la Marne, prise tout à l'heure comme exemple, nos ingénieurs, pour abréger la navigation, ont coupé l'isthme de Joinville par le canal de Saint-Maur, qui réunit les deux extrémités de la boucle ; or, d'après la marche naturelle des choses, vous comprenez maintenant qu'on aurait pu s'épargner ce travail, qui a coûté plusieurs millions. Que fallait-il faire pour cela ? Tout simplement attendre quelques milliers de siècles, la rivière aurait exécuté la besogne elle-même. Mais essayez donc de faire admettre cette vérité par messieurs les Français ; ils boivent du vin et ont la tête chaude, cette nation ne sait pas attendre.

A huit heures du soir, j'avais terminé mon inspection du pont d'Arc. Je l'avais avidement examiné sur toutes ses faces, à ses extrémités, sous sa voûte, je m'en étais pénétré à fond, je le savais par cœur et n'avais plus rien à y voir ; je repris donc le chemin de la ville après avoir donné rendez-vous à M. Eldin, à mon hôtel, pour demain neuf heures. Brave Eldin, ses chasses aux grives me trottent encore dans la cervelle, et je ne dis pas que l'hiver prochain... Mais je vous assomme avec mes idées fausses, mon cher confrère ; bonsoir donc et à demain.

Laval-Saint-Romain (Gard), 20 août.

De Vallon à Saint-Martin. — Six heures de navigation sur l'Ardèche.

Vive l'*hôtel du Louvre* de Vallon, mon cher confrère! Gens gracieux, bonne table, lit parfait, rien n'y manque de ce qui peut en rendre le séjour agréable; j'y ai fait une excellente nuit, et à mon réveil je me trouvais en mesure de supporter de plus dures fatigues que celles d'une journée qu'on va passer doucement dans un bateau. A neuf heures, suivant nos conventions de la veille, arrivait M. Frédéric Eldin (dans le pays on l'appelle *Erdenne;* pourquoi cela, je l'ignore ; prononciation ardéchoise peut-être). Retenu par le service d'un autre voyageur, il m'amenait son fils et son beau-frère, bateliers éprouvés qui s'engagent à me déposer sain et sauf ce soir à Saint-Martin-d'Ardèche. Ces messieurs, en gens d'expérience, me firent observer qu'on ne rencontre aucun cabaret sur l'Ardèche, et que, sous peine de jeûner en route, des provisions de bouche nous étaient nécessaires. Je les laissai libres de

prendre à l'hôtel ce qu'exigeait notre déjeuner et ne tardai pas à m'a-
percevoir qu'ils avaient bien fait les choses, car, tant en victuailles
qu'en vin, j'eus à acquitter de ce chef une note de 15 francs. Cette
somme, ajoutée au prix du voyage, me fait une assez lourde journée,
mais il fallait en passer par là, on ne fait pas tous les jours la navigation
de l'Ardèche ; d'ailleurs, je me rattraperai sur mes étapes de montagnes,
dont la dépense quotidienne atteint rarement 5 francs. Nous allâmes
nous embarquer à 2 kilomètres de la ville, et à dix heures, après être
passés sous le pont d'Arc, nous commencions à pénétrer dans la tranchée
profonde et sinueuse que suit l'Ardèche après Vallon. La rivière, mon
cher ami, s'est ouvert cette tranchée dans le calcaire néocomien, l'étage
inférieur du terrain crétacé ; j'en admirais aujourd'hui les puissantes assises. Elles forment sur les deux rives de l'Ardèche des falaises à pic de
150 à 250 mètres d'élévation, et encore ne sont-ce là que les couches
supérieures de cette formation ; rien ne prouve que ce calcaire ne
pénètre pas dans le sol sur une épaisseur égale. Quelles belles murailles, mon cher ami, que ces falaises crayeuses d'un blanc pur ou
légèrement teinté de jaune-orange ! Huit heures durant je les ai eues
aujourd'hui sous les yeux, circonscrivant les méandres de l'Ardèche, avec tous les accidents de forme qu'on peut imaginer : ici, remparts immenses, aux assises si régulières et si droites, qu'on les dirait
bâtis de main d'homme ; là, simulant les tours ruinées d'un vieux château ; plus loin, découpées comme le portail d'une immense basilique,
avec ses frises et ses colonnettes. Que de temps a dû employer la nature pour déposer au fond des mers les éléments d'un terrain qui,
dans le midi de la France, n'atteint pas, sur quelques points, moins de
800 mètres d'épaisseur ! Calculez un peu, mon cher ami : à 4 centi-
mètres par siècle, c'est une période de vingt mille siècles qu'a exigée
le dépôt du calcaire néocomien. Et songez qu'il ne s'agit là que d'un
seul des cinq étages du terrain crétacé ; qu'il existe en France et ailleurs d'autres dépôts plus puissants encore, dont la précipitation a été
tout aussi lente ; que le terrain jurassique a chez nous plus de
6 000 mètres d'épaisseur, le silurien et le dévonien à peu près autant,
et supputez, si vous l'osez, la durée des temps géologiques ! C'est par
milliards de siècles qu'il faut compter ; c'est à confondre l'imagination
et effrayer l'esprit.

Il vous surprendra peut-être, mon cher confrère, que des couches du
sol, autrefois ensevelies sous les eaux, aient été portées plus tard à plusieurs centaines de mètres au-dessus d'elles ; c'est pourtant ce qui a eu

lieu, puisque, malgré les apparences contraires, le niveau des mers est invariable ; ce sont donc les terres qui s'élèvent ou qui s'abaissent. Les soulèvements et les affaissements du sol ont fait de tout temps partie du mécanisme du globe ; ce sont eux qui ont créé les continents, qui en modifient incessamment la configuration, qui en opèrent ensuite la submersion, comme on l'observe en maints endroits de la terre, sur nos côtes normandes, par exemple, et surtout en Océanie, vaste continent submergé dont les montagnes seules laissent encore apercevoir leurs sommets les plus élevés. Inutile de vous rappeler l'étendue de ces mouvements verticaux du sol, dont quelques-uns ont porté à plus de 1 000 mètres d'altitude des terrains originairement cachés sous les mers. Et il est fort heureux pour nous géologues qu'il en soit ainsi ; comment pourrions-nous faire de la géologie sans ces dénivellations de la croûte terrestre, qui mettent à nu ses différentes assises ? Vivent donc les soulèvements du sol ! Le patrimoine de l'homme en est né ; la terre leur doit son relief accidenté, ses productions diverses, l'infinie variété de ses aspects. Moi, mon cher ami, je leur dois la vue des admirables falaises de l'Ardèche et le plaisir de vous en entretenir un instant. A votre tour vous leur devrez l'ennui d'essuyer mes élucubrations géologiques, mais c'est votre affaire et non la mienne ; l'impie Dumartin est à son régiment, et il faut bien que je trouve à qui causer géologie. Vous objecterez peut-être que j'avais auprès de moi deux bateliers et que rien ne m'empêchait de leur adresser ma conférence ; j'y avais songé et vous prie de croire qu'ils ont eu aussi bonne mesure.

Mais je reviens à ma navigation de l'Ardèche ; c'est quelque chose de très mouvementé et de très amusant que cette navigation. Pendant l'été l'Ardèche n'est plus, comme en hiver, une rivière au cours simplement précipité ; c'est une continuelle succession de biefs profonds et tranquilles, de *plaines,* comme le disent les bateliers, et de rapides où les eaux bondissent bruyamment sur les rocailles et les galets qui garnissent le fond. Sur les plaines on avance lentement à la gaffe ou à la rame ; mais, arrivé aux rapides, brroutt ! vous filez comme une flèche, tressautant sur les rocs que touche la nacelle, avec un sentiment de plaisir qui n'est pas exempt d'inquiétude. Dans ces moments le danger gît dans les écueils dont le lit de l'Ardèche est rempli ; que le bateau, lancé à toute vitesse, aille donner de la pointe contre ces rochers, et il est mis en pièces. Mes hommes les connaissaient bien et les évitaient avec une rare habileté ; aussi, mon cher confrère, pas le plus petit naufrage à vous raconter, c'est vraiment trop peu. En dépit de la pente si forte des rapides, notre bateau ne franchissait pas toujours ces passes avec la vitesse que vous imaginez ; les eaux en ce moment sont si basses, que de temps en temps il nous arrivait de rester en panne au beau milieu du courant ; mes hommes se mettaient alors à l'eau, tiraient à eux le bateau, transformé un instant en traîneau, et y ressautaient lestement après l'avoir remis à flot.

Il me serait impossible, mon cher ami, de vous donner une idée de ce qu'est l'Ardèche après Vallon ; son cours est sinueux et capricieux au-delà de tout ce qu'on peut dire ; c'est une suite interminable de courbes d'un si faible rayon, que presque jamais vous n'avez la rivière en vue sur une longueur de 300 mètres ; de là une succession de sites variés, étranges, imposants, effrayants même ; le genre gracieux est banni de ce paysage, où dominent les beautés sévères et grandioses. Comme je vous l'ai dit, l'Ardèche coule dans une tranchée qui offre de 150 à 250 mètres de profondeur, sur une largeur de 300 mètres dans les parties les plus larges, mais de 50 mètres au plus là où elle est le plus resserrée. Presque partout les parois en sont taillées à pic et alors tout à fait nues ; dans quelques points des éboulements ont amoncelé au pied des falaises des détritus dont la végétation s'est emparée. En fait d'arbres, on rencontre dans ces endroits le chêne vert, le chêne-liège, l'orme, l'érable, le figuier, l'olivier, le lentisque, l'arbre de Judée ; des vignes sauvages croissent sur les parties les plus élevées de ces talus et retombent en longs festons sur leurs flancs.

Tout est curieux, tout est beau, tout est grand dans ce parcours de 10 lieues à travers les calcaires néocomiens des rives de l'Ardèche ; quelques endroits cependant sont plus spécialement remarquables et ont reçu des noms particuliers : ce sont la falaise d'Elbou, portant les ruines du château de ce nom. Là, mon cher ami, existe un nouveau pont d'Arc en préparation ; l'Ardèche y entoure une petite presqu'île dont l'isthme, nommé *Pas-de-Mousse*, n'a pas aujourd'hui 200 mètres de largeur ; attendez-vous à apprendre un beau matin que l'Ardèche l'a perforé. Ce sont encore le Château-Vieux, le Château-Vierge, immenses murailles simulant de vrais murs de maçonnerie ; les rochers de Gault, du gué de Guittard, celui de l'Aiguille, qu'on prendrait de loin pour la façade d'une cathédrale ; ensuite les Pigeonniers, le roc de Gournier, la pointe de la Madeleine, supportant les ruines d'une maladrerie de Templiers ; ce sont vingt autres sites étonnants de bizarrerie ou de grandeur, que je ne peux vous énumérer.

Nous rencontrâmes dans notre journée deux sources d'une eau très fraîche et très bonne ; c'est auprès de l'une d'elles qu'à midi nous allâmes nous installer pour déjeuner. Comme les jours précédents, le temps était magnifique, et nous étouffions dans notre ravin, où le miroir des plaines liquides réfléchit les chauds rayons d'un soleil du Midi. Pour se tenir en haleine, mes bateliers avaient déjà vidé plusieurs bouteilles, et je n'étais pas sans inquiétude sur nos ressources en vin à l'heure du repas ; c'est à ce moment que se révéla toute la prévoyance de mes hommes : outre plusieurs bouteilles ordinaires, fut alors tiré du panier aux vivres un certain bidon qui contenait bien pour sa part cinq ou six litres du précieux liquide ; j'étais dès lors tout à fait rassuré sur la suite de notre journée, nous n'en serions pas réduits à l'eau de la rivière ; je crois même que François Eldin et son oncle mangeront et boiront encore demain à mes frais, tant le sac aux vivres me parut à ce moment large et bien garni.

Pendant que ces braves gens s'escriment sur mon veau et mes volailles, permettez-moi, mon cher confrère, de vous en tracer rapidement la silhouette. Ce sont deux grands gaillards, nerveux et secs comme des Ardéchois ; les hommes de votre complexion m'ont paru rares dans ce pays. L'oncle, qui frise la soixantaine, est marié depuis quelques années seulement ; il a de jeunes enfants, et ces joies du foyer, survenues sur le tard, l'entretiennent dans une douce gaieté. C'est un loustic, s'exerçant aux bons mots et chantant des chansons grivoises. De plus, c'est un lettré ; tout en manœuvrant sa gaffe, il nous a récité des fables de La Fontaine : le Chêne et le Roseau, les Animaux malades de la peste, la Femme noyée, etc. Sa mémoire, d'ailleurs, n'est pas des plus fidèles, et deux ou trois fois j'ai dû lui venir en aide, tenant à lui prouver que les écrits du philosophe de Château-Thierry ne m'étaient pas non plus absolument inconnus.

François Eldin, le neveu, est un garçon de trente-cinq ans environ, ayant fait, comme ses compatriotes, ses preuves de courage pendant la dernière guerre. Il servait dans la mobile de l'Ardèche et fut envoyé en Normandie, où il prit part au combat de Château-Robert. Si, comme beaucoup des siens, il ne resta pas sur le champ de bataille, ce ne fut pas la faute de son capitaine. Celui-ci, voyant les Allemands s'avancer la crosse en l'air, crut naïvement à une reddition de l'ennemi et interdit le feu à sa vaillante troupe, qui ne demandait qu'à bien faire ; une décharge à bout portant lui apprit trop tard quel fond il fallait faire sur la loyauté des Prussiens et amena parmi ses hommes un trouble momentané dont profita l'ennemi. Eldin échappa à la mort et, remis de ce premier mouvement de surprise, revint à la charge avec son bataillon, qui culbuta les Prussiers dans la Seine. Je vous affirme que, les jours suivants, les Ardéchois, qui ont acquis ce jour-là une réputation méritée de bravoure, n'apercevaient plus une tête d'Allemand sans lui tirer dessus. Aujourd'hui ce brave garçon vit retiré dans son pays, cultivant son bien et y ajoutant les revenus tirés de la visite de ses grottes et des voyages sur l'Ardèche, que sa famille est en possession de diriger depuis de longues années. C'est donc à lui que vous devrez vous adresser au cas peu probable où vous vous décideriez à visiter les bords de cette rivière.

Comme je ne me sentais pas en appétit pour le quart d'heure, l'idée me vint de prendre mon premier bain froid de l'année. Je me mis à l'eau, qui était fort bonne; mais, à ma grande surprise, moi, assez bon nageur il y a quelques années, je me trouvai dans l'impossibilité de nager; mes mouvements étaient gauches, et la conséquence fut que j'allai immédiatement sous l'eau, heureusement sans profondeur à cet endroit. Mais voyez-vous ce qui serait arrivé si je m'étais laissé aller à piquer une tête dans un gouffre, comme j'en avais eu un instant la pensée, pour donner à mes hommes une haute idée de mon savoir-faire? Il est maintenant prouvé pour moi que la natation est une chose qu'on oublie et que, quand on reprend cet exercice après plusieurs années d'interruption, il est prudent de s'essayer d'abord en lieu sûr.

A l'endroit où je prenais mon bain, comme tout le long de son cours du reste, les rives et le lit de l'Ardèche sont encombrés de blocs calcaires détachés des falaises qui la bordent. Au bout de quelques années, de ces masses, dont quelques-unes ne pèsent pas moins de 10 000 quintaux, il ne reste plus trace; l'Ardèche les a usées, émiettées, emportées, et cela par un double mécanisme qu'on voit se produire là de la façon la plus nette. Les sables, les graviers charriés par le courant viennent tourbillonner contre la partie submergée du bloc et y creusent des cavités et des galeries qui finissent par se prolonger sous toute sa surface; ces galeries se multiplient, s'élargissent, et à un moment donné le bloc n'est plus soutenu que par de minces piliers, des aiguilles fragiles qui cèdent bientôt sous le poids de la roche; celle-ci s'enfonce alors dans le courant pour être de nouveau soumise au même travail de corrosion. Mais, pendant que la rivière use de la sorte la face inférieure des blocs, elle les attaque sur leur face supérieure par un procédé un peu différent et encore plus curieux, donnant lieu à ce qu'en géologie on nomme des *marmites de géants*. Voici le fait : pendant les crues de l'Ardèche, ses eaux impétueuses roulent des fragments de granite et d'autres roches dures amenés des parties supérieures de la vallée et les lancent sur les grandes tables de calcaire qui garnissent ses rives. Ces galets s'arrètent dans une anfractuosité du bloc et, mis en mouvement par le courant, commencent à tourner sur eux-mêmes, usant le calcaire et s'y creusant une loge, qui va s'élargissant et s'approfondissant sans cesse. Des sables siliceux viennent en aide au galet pour agrandir les loges, en même temps qu'ils arrondissent la meule de granite elle-même. Celle-ci finit par former un boulet parfaitement rond, qu'après chaque inondation on retrouve à sec dans la marmite. Quand ce travail s'est reproduit plusieurs fois, la masse calcaire se trouve entièrement perforée, et le boulet tombe dans l'eau. Dans ma navigation d'aujourd'hui j'ai rencontré de ces marmites de géants, non pas en petit nombre, mais par *centaines*, entendez-vous? Certains gros rochers crayeux en portaient douze ou quinze pour leur part. Quelques-unes, il est vrai, n'avaient encore que les dimensions d'une modeste casserole, mais avec le temps elles deviendront de belles et grandes marmites, amenant la destruction du rocher qui les porte. J'en avais lu plus d'une fois la description, je les avais vues figurées dans les ouvrages, mais en les voyant là si nettes, si nombreuses, si variées de diamètre, de profondeur, je ressentis une de ces joies que comprendront ceux-là seulement que possèdent dans toute leur plénitude le *sacra fames naturæ* et la soif de la géologie.

A une heure, nous reprenions notre navigation, mais à quatre heures nous l'interrompions de nouveau pour goûter. Pendant ces trois heures nous avions avancé de 20 kilomètres vers le Rhône, et la physionomie générale des rives de l'Ardèche n'avait pas varié : toujours les mêmes falaises crayeuses plus ou moins élevées et partout curieuses, belles, imposantes. Au-dessus de nous planaient des légions de percnoptères des Pyrénées (*Neophron percnopterus*), petits vautours au corps blanchâtre et aux ailes brunes, que, par une plaisante erreur d'histoire naturelle, François Eldin et son oncle décoraient du nom de *pélicans blancs*. Ce vautour est commun tout le long de la basse Ardèche; on le voit posé au sommet des falaises ou tournoyant dans l'air, épiant le passage d'un poisson mort ou d'une immondice, dont il fait sa proie. Comme ses congénères exotiques, le percnoptère est donc un utile agent d'assainissement du pays et à ce titre mérite d'être respecté.

A cinq heures nous voguions de nouveau vers le Rhône, dont on pressent le voisinage par l'abaissement progressif des falaises de l'Ardèche. Celles de la rive gauche viennent mourir dans la vallée, à 2 kilomètres en amont de Saint-Martin ; celles de la rive droite se prolongent davantage, supportant le village d'Aiguèze, autrefois pourvu d'un château fort qui commandait l'entrée de la rivière. Malgré la ruine de leur forteresse, les habitants d'Aiguèze paraissent s'attribuer encore des droits sur la navigation de l'Ardèche, et du haut de leurs murailles deux gamins trouvèrent plaisant de nous bombarder à coups de pierres ; heureusement aucun de leurs projectiles ne nous atteignit.

A six heures du soir, mon cher ami, nous accostions la rive droite de l'Ardèche, en face de Saint-Martin, et je mettais le pied dans le département du Gard. Après une bonne poignée de main et toute espèce de souhaits heureux pour l'avenir, je prenais congé de mes deux braves bateliers et m'éloignais assez incertain de ce que j'allais faire de ma soirée. Mon intention est de rentrer dans le département de l'Ardèche par les Vans, mais où aller coucher en attendant ? Devais-je me rendre ce soir à Pont-Saint-Esprit ou au contraire marcher dans la direction que je dois suivre demain ? Après quelques moments d'hésitation, c'est à ce dernier parti que je m'arrêtai, réfléchissant que j'abrégeais d'autant l'étape suivante et gagnais ainsi une heure ou deux de sommeil cette nuit. Je m'avançai donc sur une route poudreuse bordée de chaque côté par des champs d'olivier, qui paraît faire le fond des plantations dans le Gard, comme le mûrier et le châtaignier prédominent dans l'Ardèche. Toutefois, avant de s'élever sur les hauteurs qui bordent de ce côté la vallée du Rhône, la route traverse des terrains bas, assez frais, où pour la première fois je rencontrai des cultures de sorgho de quelque importance. Quelle est la destination de cette plante ? Est-ce comme fourrage ou pour la fabrication des balais qu'on la cultive ici ? Voilà ce que personne n'était là pour m'apprendre et ce qui reste obscur pour moi.

A neuf heures du soir, j'avais atteint Laval-Saint-Romain, village situé sur la route de Pont-Saint-Esprit à Barjac et où, tant bien que mal, je trouvai à souper et à coucher.

Barjac. — Saint-Ambroix. — La forêt de Païolive.

Je suis rentré ce soir dans le département de l'Ardèche, mon cher confrère, après m'être promené pendant six heures, tant en voiture qu'en chemin de fer, dans celui du Gard. Le but de cette promenade ou plutôt de ce détour était d'atteindre le plus rapidement possible la forêt de Païolive, dont me séparait une distance trop grande pour que je pusse la franchir à pied dans ma journée; j'allais donc, par Barjac, gagner, à Saint-Ambroix, le chemin de fer d'Alais à Vogué, qui devait m'amener à proximité du site remarquable auquel je consacrais ma soirée. Le jour commençait à poindre quand le courrier de Pont-Saint-Esprit arriva à Laval-Saint-Romain; j'y montai et cinq minutes après je roulais vers Barjac au grand galop de nos trois chevaux. Le pays avait changé d'aspect depuis hier et avait perdu le caractère des montagnes pour revêtir la physionomie des plaines. La nature du sol avait aussi changé; au lieu des masses crayeuses des bords de l'Ardèche, je voyais une terre jaune, argileuse et assez profonde, à en juger par la belle venue des arbres; j'étais en effet passé du terrain crétacé sur le tertiaire. Il vous importe peu sans doute, mon cher ami, de savoir qu'il existe un terrain tertiaire; pas à moi, car ce terrain, un des derniers émergés, est par excellence celui de la production agricole, et je compte bien aller m'y établir un jour, voulant finir par où j'ai commencé, par la charrue. C'est le terrain de la Bresse, de la Brie, de la Beauce, de la Limagne, de l'Ile-de-France, d'une partie de la Normandie, etc.; partout il se distingue par l'abondance de ses moissons et la richesse de ses prairies. Mais, en échange de sa fertilité, le Créateur, par une juste compensation, lui a refusé les avantages du granite, et les beautés pittoresques y sont rares. Du côté de Barjac il forme une large plaine relevée de collines dont les plus hautes ne dépassent guère 50 à 60 mètres. On y cultive les céréales et surtout l'orge et le maïs; des oliviers, des cerisiers, des figuiers, des amandiers sont disséminés au milieu des cultures. J'ai rencontré aussi le long de la route des bois dont le chêne pubescent forme le fond, avec un sous-bois d'arbustes parmi lesquels j'ai reconnu les *Pistacia lentiscus, Lonicera nigra* et plusieurs grands cytises; le caroubier s'y trouverait également, si je n'ai pas été trompé par la ressemblance de cette essence avec un arbre que je n'ai pu reconnaître exactement pendant le passage rapide de notre malle-poste.

Nous avions pour conducteur un être aussi brutal que bête (ces deux qualités vont souvent de pair) ; il frappait sans raison les excellents chevaux qu'il conduisait, les lançant au galop dans les montées, quitte à les ralentir ensuite sur un sol uni. *Quelle brute, mon Dieu !* et joignant à sa brutalité les idées les plus saugrenues sur une foule de questions, prétendant, par exemple, que les chemins de fer sont la ruine de la France, parce que, depuis leur établissement, les auberges et les cafés des anciennes routes ont cessé de prospérer. Croiriez-vous que j'ai commis la sottise de le raisonner? J'ai cherché à lui faire comprendre qu'un moyen de transport qui ménage le temps et l'argent des voyageurs ne peut qu'être utile à un pays; que, grâce aux chemins de fer, les produits d'une contrée s'écoulent plus facilement au grand profit des producteurs; que les aubergistes des anciennes routes pouvaient transporter leur établissement auprès des gares ou bien employer leur intelligence et leurs bras autrement qu'en donnant à boire et à manger, etc. Aucune de ces raisons n'a pu le toucher : les auberges et les cafés faisaient moins bien leurs affaires qu'autrefois, donc la France était ruinée; il ne sortait pas de là. Qu'aurait dit M. de Freycinet, lui qui nourrit de gigantesques projets de construction de voies ferrées, s'il eût entendu les sottises débitées par notre conducteur? Il est probable que, plus sage que moi, il se serait tu, et il aurait eu raison. Et combien ces erreurs d'économie sociale sont répandues ! Combien le peuple en France est ignorant ! Que de préjugés regrettables enracinés chez lui, que nous aurons de la peine à détruire ! Que la République vive ou qu'elle disparaisse (ce que j'ignore entièrement, n'ayant pas le don de lire dans l'avenir), ce sera son honneur indéniable d'avoir tenté des efforts, fait des sacrifices pour dissiper cette ignorance et placer l'instruction à la portée du plus humble et du plus pauvre.

A sept heures du matin nous entrions dans Barjac au triple galop de nos chevaux. Dans ce moment l'orgueil de notre conducteur était à son comble : brûler le pavé d'une ville au risque de briser sa voiture et de tuer voyageurs et bêtes, quelle gloire pour un conducteur ! Heureusement pour nous, cette course frénétique dura peu; la poste n'était pas loin, et il fallut bien nous y arrêter pour déposer les dépêches. Ce temps d'arrêt permit aux chevaux de souffler et de se remettre un peu ; les pauvres bêtes étaient blanches d'écume.

Au brutal qui conduisait la voiture depuis Pont-Saint-Esprit succéda, à

Barjac, un brave garçon d'humeur pacifique, sachant régler l'allure de ses bêtes et les ménageant si bien que, malgré la chaleur du jour, elles arrivèrent à Saint-Ambroix presque sans un poil mouillé. Il leur prodiguait des noms d'amitié tout à fait plaisants, les appelant à chaque instant « les amateurs de courses ». Que les braves animaux fassent chaque jour de longues courses, c'est un fait certain, on n'est pas pour rien cheval de poste; mais qu'ils en soient amateurs, c'est plus douteux.

La plaine tertiaire dont je vous parlais tout à l'heure se prolonge entre Barjac et Saint-Ambroix. Il y a quelques années, elle était couverte de vignes, source de richesse pour le pays ; le phylloxera en a détruit jusqu'au dernier cep; d'anciens vignobles en montrent encore les souches desséchées et noircies comme par le passage d'un incendie; rien n'est plus triste à voir. Les propriétaires, atterrés par un fléau qui déjoue tous les efforts, n'ont pas encore songé partout à enlever ces souches et à tirer parti du sol d'une autre manière; on sent là une population découragée, qui n'essaye même plus d'utiliser une terre maudite. Si notre pays marche vers la ruine, ce ne sont pas les chemins de fer qui en seront cause, comme le prétendait notre sot conducteur de ce matin, mais bien plutôt le phylloxera. Songez-y, mon cher ami, le produit de nos vins, c'est 1 500 millions chaque année, et on a beau être riche, un déficit annuel de cette importance fait une brèche terrible à la fortune d'une nation.

A neuf heures et demie j'arrivai à Saint-Ambroix, chef-lieu de canton bâti sur la rive droite de la Cèze, dans une position agréable. Au centre de la ville s'élève un mamelon surmonté d'une jolie chapelle; un demi-cercle de hautes collines encadre la cité vers le nord, et sur leurs flancs s'étagent des plantations de figuiers et d'oliviers qui les couvrent jusqu'au sommet. L'ardent soleil du Languedoc frappe ces coteaux et inonde la vallée de lumière et de chaleur; ce sont partout la végétation et les aspects du Midi, il ne reste plus rien de ceux de la zone moyenne. Une de ces collines, couverte de ses oliviers, évoquait en moi la pensée de cette montagne de la Judée où le Christ a souffert et a prié dans l'attente d'une mort prochaine; et par une coïncidence singulière, comme le hasard en crée quelquefois, au moment même où la fin douloureuse du divin fondateur de notre religion me revenait en mémoire, entraient à la gare de Saint-Ambroix deux juifs de Jérusalem (ils le déclarèrent en ma présence au chef de gare) qui se rendaient à Bessèges. Qu'allaient-ils faire dans cette ville, ces enfants d'Israël ? Voilà ce que décemment je ne pouvais leur demander; mais soyez certain qu'ils n'y perdront pas leur temps. Cette race, la plus intelligente du globe sans contredit, possède au plus haut degré le génie des affaires, et s'il y a 5 francs à gagner à Bessèges, je parie que mes deux compagnons s'arrangeront de manière à faire entrer les trois quarts de la somme dans leur bourse.

A onze heures arrivait en gare un train venant d'Alais ; j'y montai et à midi m'arrêtais à Saint-Paul-le-Jeune, station la plus rapprochée de la forêt de Païolive, m'avait-on dit à Saint-Ambroix. C'est en effet un des côtés par lesquels on peut aborder cette forêt, mais non le plus favorable ; en quittant le chemin de fer à Beaulieu-Berrias, j'aurais traversé le bois dans toute sa longueur, tandis que, venant par Saint-Paul, je ne l'ai vu que dans sa largeur, qui est moindre de moitié. J'avais cependant reçu, pour cette excursion, les instructions très positives de mon aimable et savant compagnon de voyage d'Aubenas ; comment ne les ai-je pas suivies de point en point ? Ce n'est pas cependant que je n'aie vu des choses admirables dans la portion de forêt que j'ai parcourue, mais j'aurais pu en voir un plus grand nombre par l'autre itinéraire, et cette pensée me tourmente à un point dont vous n'avez pas idée. Enfin me voilà à Saint-Paul, j'y déjeune, et à trois heures, quand la chaleur commence à baisser, je m'élance sur la route des Vans, qui doit m'amener à la forêt. Dix kilomètres m'en séparaient ; vers cinq heures je les avais franchis et m'engageais dans le bois, dont on saisit dès l'abord les principaux traits. Je puis les résumer en deux mots : « c'est une forêt de rochers sous une forêt de chênes. » Elle rappelle certaines portions de la forêt de Fontainebleau, avec cette différence que, dans cette dernière, les rochers sont du grès, tandis qu'à Païolive c'est un calcaire de la plus grande blancheur. D'après le conseil qui m'avait été donné à Saint-Paul, j'allai frapper à la porte d'un brave homme nommé Michel, dont la maison se trouve au bord de la route, à l'entrée de la forêt. J'eus la chance de le rencontrer, et trois heures durant, sous sa conduite, j'arpentai le bois de Païolive. Vous sentez bien, mon cher ami, que si je ne l'ai pas visité entièrement, j'ai eu du moins, pendant ces trois heures, le temps d'en voir un bon bout ; Michel le connaît bien et me conduisit dans les endroits les plus curieux : le Creux de la Perdrix, la Rotonde, les Arènes, etc., groupes de rochers qui rappellent plus ou moins exactement la disposition indiquée par leurs noms. Ai-je vu là, sous le feuillage des chênes, assez de ces rochers aux formes bizarres, fantastiques, incompréhensibles ; des tourelles, des dômes, des aiguilles, des arceaux, des voûtes, des colonnes, des dentelles de pierre, etc.;

le tout modelé, découpé, façonné par les eaux météoriques! car ici encore, mon cher ami, sous la voûte du ciel comme dans les profondeurs du sol, c'est l'eau chargée de l'acide carbonique de l'air qui dissout le calcaire, le corrode, le découpe, le perfore et lui donne les formes étranges qu'il revêt à Païolive. Pas un de ces blocs que l'eau acide, en ruisselant à sa surface, n'ait creusé de sillons et de cannelures séparés par des arêtes capricieuses simulant d'élégantes arabesques ou de fines vermiculures. On dirait que la corporation entière de nos maîtres sculpteurs d'autrefois est venue s'exercer sur ces rochers avant d'aller ciseler la pierre de nos plus flamboyantes basiliques du moyen âge. Pendant trois heures, mon cher ami, sur les pas de mon guide, j'ai marché de surprise en surprise, soutenu par mon amour de la géologie, et sautant de rocher en rocher comme un chamois ; j'avais retrouvé mes jambes de vingt ans. La nuit seule, en masquant toutes ces belles choses, vint interrompre ma promenade sur les huit heures. J'eus un instant la pensée de la continuer au clair de la lune, mais je n'avais plus qu'un demi-jour, un quart de jour même, insuffisant pour compenser, par la jouissance des yeux, la fatigue des jambes. Je pris donc congé de Michel et vins m'asseoir au bord de la route, fumant mélancoliquement un cigare en attendant la voiture des Vans. A la chaleur étouffante du jour avait succédé une agréable fraîcheur, aucun bruit sur la terre, au ciel la lune éclairant la masse imposante d'arbres et de rochers qui m'entourait, et je restai là une bonne demi-heure, heureux de retrouver pendant quelques instants cette sérénité, cette paix, ce calme admirable de la nature, qui me reportaient aux années de ma jeunesse, phase de bonheur paisible si différente des agitations de ma condition présente.

L'arrivée de la voiture vint interrompre ma rêverie ; j'y obtins une place à grand'peine, tant elle était déjà bondée de voyageurs. Demain est un jour de marché important aux Vans, et nombre de commerçants s'y rendent dès la veille pour commencer leurs transactions avec le jour. Enfin j'arrivai à me caser sous la bâche, auprès de mon Azor, dont j'avais allégé mes épaules pendant ma course de Païolive. Pauvre Azor, comme je le maltraite cette année! Jeté parfois sur une voiture comme un simple colis, les jours passés sanglé sur une selle de cheval, relégué aujourd'hui sous le banc d'un wagon de troisième classe, il doit bien regretter sa première tournée d'Auvergne, pendant laquelle il n'a quitté mon dos qu'une seule journée ; mais il est patient et ne se plaint pas ; c'est peut-être pour cela que j'abuse de lui.

A neuf heures du soir nous descendions la rampe qui s'abaisse vers les Vans, et un quart d'heure après nous entrions dans la ville. Je la trouvai fort affairée et préludant à l'animation toujours très grande que fait naître, dans une petite ville, un jour de marché.

Valgorge, 22 août.

La Blachère. — Joyeuse. — Largentière. — Les vallées de la Ligne et de la Beaume.

Les Vans, mon cher confrère, s'élèvent au pied du pic de Barré, dans la vallée pittoresque d'un affluent du Chassezac, le tributaire le plus important de l'Ardèche vers le sud. C'est une ville aisée, qui paraît être le centre d'un mouvement commercial fort actif ; c'est en effet un marché important pour la soie qu'on récolte dans le Gard et dans le midi de l'Ardèche. Dès six heures du matin les transactions sur cet article étaient commencées, et l'on voyait s'étaler, à la porte des marchands, les sacs de cocons, de bourre de soie et les torsades blanches ou dorées de soie grège, comme on expose ailleurs les balles de laine ou les paquets de chanvre. En ma qualité d'ancien producteur de soie, ce spectacle m'intéressait, et je constatai avec orgueil que, pour la finesse et la beauté, nos produits du Loiret ne le cédaient en rien à ceux du Midi. Pourquoi faut-il qu'un irrémédiable fléau soit venu tarir cette source de revenus pour notre maison, comme tant d'autres calamités, le doryphora, le phylloxera, l'oïdium, le puceron lanigère, etc., ont compromis ailleurs d'autres branches de notre agriculture nationale ? Pauvres agriculteurs, non seulement ils ont à lutter contre les contretemps et les intempéries, il faut encore que le ciel, dans sa colère, les accable de fléaux qui anéantissent en quelques semaines le fruit des labeurs d'une année ; ils ne sont pas toujours sur un lit de roses, malgré l'exclamation connue du poète latin. Ne soyez donc pas surpris maintenant si des hommes nés aux champs et qui auraient voulu y rester, vont demander à une autre profession des moyens d'existence.

A six heures et demie, le courrier de Largentière m'éloignait des Vans et une demi-heure après traversait la belle vallée du Chassezac. Des paysans s'échelonnaient sur la route, les uns chargés de denrées agricoles, les autres poussant devant eux les animaux qu'on allait vendre. Je plaignais de tout mon cœur les pauvres bêtes, sachant quelles dures épreuves leur réserve cette journée. Vous doutez-vous, mon cher confrère, de ce qu'un jour de marché suppose de tortures physiques

et morales chez les animaux dont on trafique ? Je ne suis pas plus sen-
sible qu'un autre, cependant je n'en ai jamais été témoin sans me sentir
vivement ému. Si vous n'avez pas encore eu le spectacle de leurs mi-
sères, venez avec moi faire un tour sur le marché ; quelques instants
suffiront pour vous en donner une idée. Tenez, voici une vache qu'on
amène, conduite à la corde : vous la voyez inquiète, malheureuse, demandant par ses mugissements incessants ce qu'on veut d'elle, pourquoi
on l'enlève à son toit familier, à sa prairie ; n'est-ce pas la triste image
de l'émigré quittant sa chaumière et se demandant avec anxiété quel
sort l'attend dans la nouvelle patrie que la pauvreté l'oblige à chercher
au-delà des mers ? Voyez cette autre bête ; elle avance lentement, car
elle traîne, attaché à sa queue, un veau de quelques jours, qui la suit
en titubant ; elle non plus ne manque pas de raisons d'être triste et
préoccupée. Regardez là-bas ce lot de moutons qu'on rassemble à grand
renfort de coups ; plusieurs sont ensanglantés, et l'un d'eux porte,
suspendu au talon, un morceau de peau arraché à sa cuisse par la dent
du chien. Plus loin ce sont des oiseaux de nos basses-cours, les ailes
étroitement liées pour qu'on puisse les secouer plus aisément et ap-
précier leur poids ; beaucoup d'entre eux sont attachés par paires avec
un lien qui étreint la patte, la gonfle, la dépouille, et pendant plusieurs
jours empêchera l'infortuné volatile de se tenir debout. Ajoutez à ces
souffrances la faim, la soif, plus cruelles encore chez des êtres dont
l'activité digestive et les besoins sont plus vifs que chez nous, et enfin
l'obligation de faire une longue traite le soir avant de trouver repos et
nourriture. Ainsi, blessures, coups, fatigues, faim, soif, inquiétudes,
voilà le revenant-bon d'un jour de marché chez les animaux qu'on y
conduit. Croyez-vous que deux jours d'une vie pareille ne suffiraient
pas pour en tuer la moitié ?

Mon Dieu, je sais que ces cruautés ne peuvent pas toujours être évi-
tées, qu'un cultivateur vit de son étable et de sa basse-cour comme de
son champ, et qu'il faut bien conduire les animaux à la foire pour les
vendre ; c'est juste, aussi je ne demande pas qu'on les conserve indéfiniment à la ferme, mais seulement qu'on les ménage autant que possible et qu'on les plaigne ; car ils souffrent, mon cher confrère, ils souffrent cruellement, et je ne vous permets pas d'en douter, malgré les
dénégations intéressées d'une certaine école, plus préoccupée d'une
fausse orthodoxie religieuse que de l'observation des faits. Il y a quelques années, j'entendais un très éminent ecclésiastique, auteur d'un
remarquable ouvrage sur l'extrême Orient, soutenir cette thèse que,

« la douleur étant une émotion de l'âme, et les animaux n'ayant pas d'âme, il s'ensuit qu'ils ne peuvent ressentir la douleur ». Je ne suis pas en mesure de prouver que les animaux ont une âme, l'opinion pour ou contre, relative à cette hypothèse, étant de celles dont il est impossible de faire la preuve ; mais ce que je puis affirmer, c'est qu'ils accomplissent parfois de ces actes qui honoreraient ceux chez qui M. l'abbé X... doute le moins que l'âme existe ; témoin le fait de cette chienne du chef de gare de Joinville, qui s'est passé il y a quelques années. Au moment où un coup de sifflet signale l'arrivée d'un train en gare, cette bête s'aperçoit que ses trois petits, encore tout jeunes et hors d'état de fuir, s'étaient aventurés sur la voie ; frappée du danger qui les menace, elle s'élance vers eux, en arrache deux à la mort et, malgré les appels réitérés de son maître, se fait écraser en voulant sauver le troisième. Dites-moi, mon cher ami, si la mère la plus tendre et la meilleure aurait agi autrement. Quant à moi, je tiens pour l'âme des bêtes ; je l'admets non seulement chez les animaux supérieurs, mais chez les plus infimes, chez les insectes, chez la punaise, oui, mon cher ami, même chez la punaise, et quand vous le voudrez, je vous donnerai acte de ma déclaration, écrit et signé, dût le professeur Z..., s'il est présent, mettre prudemment mon papier dans sa poche, pour s'en servir à l'occasion contre moi, comme il l'a déjà fait, l'excellent homme. Ah, pardieu ! s'il démontre que les punaises n'ont pas d'âme, je confesserai qu'il est habile et payerai cher sa démonstration.

Ce qui précède vous prouve clairement que je ne suis pas partisan de l'automatisme des bêtes, erreur professée par Buffon, erreur grossière, incroyable, indigne d'un naturaliste qui, s'occupant des animaux, les ayant observés, devait les mieux connaître. Il prétend donc, ce grand écrivain, que leurs actions sont un résultat *mécanique* des impressions faites sur le *sens interne* (comprenez le cerveau) par les sens extérieurs (d'une action réflexe, dirions-nous aujourd'hui), et qu'une volonté libre et réfléchie n'y a aucune part. C'est là, je le répète, le plus grand paradoxe physiologique qu'il y ait au monde. Comme nous, les animaux sentent, se souviennent, comparent, jugent, et, comme nous aussi, dans leurs actions, se décident d'après le jugement qu'ils ont porté. Les faits abondent à l'appui de cette vérité, et nous les comptons par centaines, nous autres ruraux, comme on nous appelle à Paris. Je vous en rappelais tout à l'heure une preuve touchante, et si vous le désirez, je vous en citerai d'autres. Mais à quoi bon m'évertuer à combattre une doctrine aussi certainement erronée et que, dès la fin du siècle dernier d'ailleurs, Alphonse Leroy avait déjà réfutée avec une ampleur et une puissance d'argumentation que je n'ai pas la pensée de pouvoir jamais égaler?

La route qui me ramenait vers le nord parcourait un pays accidenté, fertile et partout planté de mûriers et de vignes. Le phylloxera ne les a pas encore détruites, comme dans le Gard, mais elles sont fortement atteintes et ne tarderont pas à disparaître. Je traversai d'abord la Blachère, village riche, près duquel s'élève un beau sanctuaire, et au bout d'une heure j'arrivais à Joyeuse, ville plus importante, mais plus ancienne et moins bien bâtie. A neuf heures du matin nous étions à Largentière, une des deux sous-préfectures de l'Ardèche. J'ignore ce qui lui a valu cette importance administrative, car elle n'est ni belle ni populeuse, renfermant de 2 000 à 3 000 âmes au plus. C'est une petite ville aux rues noires, étroites, construite au fond d'un ravin et sur les rives d'un torrent, la Ligne, qui, à la suite des orages, se permet quelquefois, dans la cité, des divagations désobligeantes pour les riverains. Largentière possède cependant deux monuments d'une certaine importance : un ancien château bien conservé et un palais de justice moderne qui, vu leur position élevée au-dessus de la ville, sont d'un bel effet. Je me reposai pendant deux heures à Largentière et j'y renouvelai en partie ma garde-robe, ce qui ne veut pas dire qu'elle soit plus élégante qu'auparavant, mais elle est plus solide et me dispensera d'avoir à fermer tous les matins certaines crevasses qui, s'étant étendues outre mesure ces jours-ci, m'avaient interdit de saluer trop bas les personnes qui m'entouraient.

Plus confiant désormais dans la solidité de mes vêtements, j'allai faire un tour sur les bords du torrent, pour en vérifier la nature géologique, et reconnus de suite que le ravin de la Ligne est ouvert au milieu des grès; le lit de la rivière, ses rives, beaucoup de ses galets sont formés de cette roche. Le grain en est généralement grossier et la couleur très variée; j'en vis là de rouges, de gris, de verts, etc. Cette variété de teintes et la nature du grain me feraient croire à la présence des grès bigarrés du trias; cependant, d'après Élie de Beaumont, ils appartiendraient au lias inférieur, c'est-à-dire à une formation moins ancienne. Donc là encore s'étendaient les rivages de la mer jurassique, et les grès de Largentière ne sont que les sables cimentés et solidifiés de ces rivages.

A trois heures, mon cher confrère, Azor bien assujetti sur mes épaules, je m'élevais sur une route qui côtoie la Ligne, me rendant à

Valgorge, au pied du Tanargue, haute crête dont je veux effectuer demain la traversée. Après deux heures de marche, je rencontrai, au hameau de Lhote, une autre route, perpendiculaire à la première et qui devait me conduire à ma destination. Je quittai donc le ravin de la Ligne pour entrer dans celui d'un de ses affluents, et pendant deux heures encore m'avançai dans un dédale de montagnes et de vallées qui défie toute idée d'ensemble, toute description systématique de la configuration d'une contrée. Ce n'est qu'au sortir de ce fouillis de montagnes et après être parvenu dans la vallée de la Beaume, qu'on voit les lignes s'accuser et que l'on commence à comprendre quelque chose au pays qui vous entoure. Là, en effet, on retrouve ce système de vallées étroites, encaissées, que séparent autant de longs chaînons surmontés d'une crête gazonnée ou rocheuse. C'est au fond de ces gorges que serpentent les rivières et les routes du Vivarais. L'horizon y est nécessairement fort restreint; c'est à peu près l'horizon que rencontre une souris trottinant dans un sillon; mais on a du moins la vue des versants de ces vallées, et il n'en est aucun qui ne présente des accidents pittoresques, des sites variés, des faits intéressants que vous demanderiez vainement aux régions d'origine pélagique. Après une marche de six heures, pendant laquelle je n'avais cessé de monter, je m'arrêtais à la porte d'un cabaret de Valgorge, où l'on consentit à me recevoir. J'ai pour l'instant plus besoin de repos que de nourriture, et, mon frugal repas terminé, ne tarderai pas à faire usage de mon lit.

Jaujac, 23 août.

Le Tanargue. — Les rochers d'Abraham. — La vallée de l'Alignon. La coupe de Jaujac.

La localité dans laquelle j'ai passé la nuit dernière n'est pas un village comme les autres, mon cher confrère. Vous vous figurez sans doute y voir une agglomération de maisons plus ou moins nombreuses, avec église et mairie au centre. Il n'en est rien : Valgorge, chef-lieu de canton du département de l'Ardèche, est une réunion de gros hameaux, le Villars, Saint-Martin, le Chambon, Freyssenet, Challay et Chassanet, échelonnés dans la vallée et séparés les uns des autres par une distance de 500 à 1 000 mètres. La mairie est au Villars, les églises paroissiales (il y en a deux, où l'on célèbre alternativement les offices chaque dimanche) sont à Saint-Martin et à Chassanet. Cette disposition n'est pas rare dans les pays granitiques, où les habitations sont en général plus dispersées qu'en plaine, à cause de la multiplicité des sources, auprès desquelles l'homme est porté à s'établir, parce qu'il y trouve la satisfaction d'un de ses plus pressants besoins; et cet isolement, cette dissémination des habitations, n'est pas sans influence sur le caractère et la moralité des populations, qui paraît être là plus élevée qu'ailleurs.

Ce matin, un brave garçon de Valgorge, Victorin Bertrand, consentit à laisser pour quelques heures la fête du village, la vogue, et à m'accompagner au Tanargue. Je tenais à gravir cette montagne, une des plus élevées de l'Ardèche, du haut de laquelle on peut prendre une vue d'ensemble du Vivarais, et, privé d'un guide, je n'aurais pu que m'égarer dans les gorges et les ravins sans nombre dont ses flancs sont creusés. Nous partîmes donc, à l'aurore, par la route de Loubaresse, que nous quittâmes au Chambon, pour nous engager dans des sentiers conduisant au sommet de la montagne. Ce sommet atteint la cote de 1519 mètres, et comme notre point de départ n'était guère qu'à 600 mètres d'altitude, c'était, si je ne me trompe, une ascension de 900 mètres à effectuer; c'était dur après les 23 kilomètres parcourus dans la soirée d'hier. Nous eûmes d'abord à traverser une zone de châtaigniers qui ombragent la base du Tanargue et, un peu plus haut, des prairies bien irriguées, dont, vu la raideur des pentes, on ne peut transporter le produit dans la vallée qu'à dos d'homme ou de bêtes. Notre marche était coupée de fréquents arrêts, car elle était des plus fatigantes; gravir des versants de 30 à 40 degrés, quand on n'est plus de première jeunesse, amène promptement un essoufflement pénible, et le cœur bat à vous rompre la poitrine. Par moments les mouvements tumultueux du mien m'effrayaient, et je songeais avec inquiétude aux conséquences d'une rupture de mes valvules sigmoïdes ou mitrale; la conséquence de ces réflexions fut que je n'avançai qu'avec une sage lenteur. Vers huit heures, cependant, la hauteur gagnée était de plus de 500 mètres; à la zone d'herbages avait succédé une bande rocheuse que, d'en bas, on pouvait prendre pour la crête de la montagne, et la pensée que j'arrivais au bout de mes peines me rendit du courage, mais, hélas! ce n'était qu'une illusion. Ces rochers masquaient d'autres prairies, qui elles-mêmes s'adossaient à de nouvelles falaises de granite. Tout cela était fort beau, fort curieux, j'en jouissais autant qu'on en peut jouir, pourtant je me demandais avec anxiété si tout cela n'allait pas bientôt finir et faire place à un terrain d'un accès plus facile. C'est seulement après avoir traversé trois remparts successifs de rochers que je mettais enfin le pied sur le plateau, large de

3 kilomètres, qui couronne le Tanargue ; il était alors dix heures. Ne croyez pas cependant que dès ce moment toute difficulté eût disparu ; ma peine devait être moindre, voilà tout. Le plateau du Tanargue, en effet, est loin de représenter une plaine ; c'est une surface onduleuse, mamelonnée, sur laquelle j'avais encore à m'élever de 200 mètres pour atteindre le point culminant de la montagne. Je trouvai sur ce plateau des bois de hêtres et de vastes prairies dépendant d'une propriété que l'État vient d'acquérir pour en effectuer le reboisement : 250 hectares payés 40 000 francs, c'est pour rien ; en Brie, la même étendue aurait coûté vingt fois plus. A côté de ce domaine s'étendent de grands prés communaux affermés, comme ceux du Mézenc, par des propriétaires de moutons du Gard ; j'y trouvai un troupeau de mille bêtes en fort bon état, car les herbages du Tanargue sont bien supérieurs à ceux de l'autre montagne.

A onze heures j'étais arrivé sur le plus haut mamelon, et tout en me reposant de mes fatigues, je me récréais de la vue des montagnes qui m'entouraient. Elles sont innombrables et fortement pressées les unes contre les autres, comme si la nature avait pris à tâche d'en faire tenir le plus grand nombre possible sur une surface donnée ; aussi ne sont-ce partout qu'étroits ravins séparés par des chaînons aussi étroits. Dans ce pêle-mêle de croupes et de cimes qu'on a là sous les yeux, on distingue pourtant quelques hauteurs plus considérables, parmi lesquelles se fait remarquer surtout, vers le sud-est, l'énorme montagne de la Lozère, qui dépasse 1 700 mètres. C'est une belle masse, bien circonscrite, très entière, et non une suite de sommets ou une chaîne. Vers le nord, le Mézenc et les Bouttières apparaissent par-dessus les massifs moins élevés des premiers plans. Faisant face au Tanargue, vers l'ouest, se dresse, dans toute sa majesté et son austère beauté, le rocher d'Abraham, masse granitique très découpée, qui, sur une longueur d'un kilomètre, surélève de 200 mètres la longue arête qui sépare les deux vallées de l'Alignon et de l'Ardèche. Je n'eus pas de peine à le reconnaître, bien que je ne l'eusse jamais vu. Il est remarquable, en effet, que j'ai acquis aujourd'hui une telle expérience de nos montagnes du centre, qu'après avoir jeté les yeux sur une carte et lu la description d'un rocher, d'une montagne, d'un site quelconque, j'arrive à m'en faire une idée si exacte que, mis plus tard en face de lui, je suis de suite porté à me dire : « C'est bien cela, c'est lui, *je le reconnais;* » si étonnante que vous paraisse cette faculté, elle est pourtant réelle.

Je trouvais de si grandes jouissances dans la vue des horizons qu'on embrasse dès hauteurs du Tanargue, que je passai près d'une heure à m'en repaître les yeux et l'esprit. C'est quelque chose de si beau que les montagnes ! L'air qui les enveloppe est d'un azur si doux ! Et puis on a eu tant de peine pour arriver jusque-là ! Le fruit de ces longues heures d'ascension, de ces fatigues, va-t-il donc vous être ravi si tôt ? Non, pas encore la descente, on est bien sur ces hauteurs, restons encore, et l'on reste. A la fin cependant il faut partir, car il n'existe ni restaurant ni cabaret sur le Tanargue, et un moment vient qui vous pousse malgré vous vers ces indispensables établissements : l'homme ne vit pas seulement de poésie et de la vue des montagnes. Ce moment gastrologique avait sonné pour moi, et d'une façon d'autant plus impérieuse que, contrairement à mes habitudes, j'étais parti à jeun ce matin. Nous avions d'ailleurs à effectuer une descente d'une heure au moins pour atteindre la vallée de l'Alignon et rencontrer le premier endroit où nous pussions nous restaurer. C'est donc à onze heures passées que nous nous remîmes en route, et presque immédiatement le sentier pénétrait dans un bois de hêtres, où nous trouvions une première cause de retard dans l'abondance exceptionnelle des airelles, des framboises et des fraises sauvages, qui s'étalaient aux yeux avec la fraîcheur, le velouté et ce je ne sais quoi de particulièrement tentant que donne à certains fruits une maturité parfaite. Nous ne résistâmes pas à la tentation et nous en donnâmes à cœur joie, Victorin et moi. C'était bien l'idée la plus fausse qu'il y eût au monde que de remplir de fruits sauvages des estomacs à jeun, j'en eus la confirmation le reste de la journée, mais « la chair est faible », dit l'Ecriture, et, digne fils d'Adam, je ne me sentis pas l'énergie voulue pour résister aux séductions du verger naturel que le ciel plaçait sous mes pas. Encore plus faible ou plus gourmand que le père commun de tous les hommes, je n'attendis même pas qu'une fille d'Eve me présentât ces baies succulentes, et de moi-même je me mis à en dépouiller les buissons. Si je me rendis malade avec les fruits du Tanargue, je pus du moins, ce matin, me rendre compte de leur mérite relatif et m'assurer que la framboise sauvage est bien supérieure à la fraise ; elle est sucrée, parfumée et très douce, tandis que la fraise, à côté d'un arome très fin, conserve un arrière-goût acide et une âpreté désagréable quand on manque d'une forte dose de sucre pour l'atténuer. L'airelle est très inférieure aux deux autres, et, pour lui trouver du mérite, il faut la rencontrer seule ; on la mange alors avec plaisir.

Une descente de 500 mètres nous avait amenés dans la vallée de

l'Alignon, juste au-dessous des rochers d'Abraham, où nous trouvâmes un cabaret dans lequel Victorin me fit entrer. L'aspect misérable
et la saleté de cette maison ne m'allaient guère, mais je n'avais pas le
choix et devais me résigner à déjeuner là. Pour assurer du moins la
propreté des mets, je demandai des œufs à la coque et des pommes de
terre cuites dans leur enveloppe ; mais, soit qu'elle ne m'eût pas compris, soit par habitude, la cabaretière fit, des pommes de terre et des
œufs, une fricassée peu ragoûtante, qu'on nous servit au bout d'un
quart d'heure. La vue de ce brouet me répugnait fort ; mais, en ayant
goûté, je fus surpris de le trouver excellent ; Victorin partagea mon
impression, si bien qu'au bout de dix minutes le plat était à peu près
vide. Du beurre frais et notre dessert, pris par anticipation dans la
montagne, complétèrent notre repas, et, à une heure, n'ayant plus
rien à faire au cabaret, je pris congé de Victorin, qui put encore
rentrer chez lui d'assez bonne heure. Heureux Victorin Bertrand !
il retourne à la vogue, il est jeune, il va danser, faire danser les Ardéchoises ! tandis que moi, je suis vieux, mes invitations seraient re-
poussées. Enfin, il faut bien accepter les conséquences des années : « on
ne peut pas être et avoir été », me disait obligeamment, l'an passé, une
aimable dame, faisant allusion à ma personne ; hélas ! elle avait raison ;
résignons-nous et partons. Je partis, en effet, mon cher confrère ; mais,
au bout de quelques instants, la fatigue de six heures de marche sur
les versants du Tanargue et la torpeur du travail digestif m'avaient si
bien saisi que, malgré la pente du terrain, je n'avançais plus qu'avec
lenteur ; une sieste devenait indispensable. A défaut d'un lieu de repos
plus commode, je m'étendis dans un fossé de la route, après avoir placé
Azor sous ma tête et ramené mon parapluie sous moi, pour ôter à un
passant facétieux l'envie de m'en débarrasser, et presque aussitôt je
m'endormis d'un profond sommeil, qui aurait pu durer jusqu'au soir si
des mouches, surexcitées par un temps d'orage, ne l'eussent interrompu
vers les trois heures. Je repartis sans plus tarder, un peu remis de mes
fatigues et, pour la première fois de ma vie, ayant éprouvé comme un
homme fatigué dort bien dans un fossé.

Une heure après, mon cher ami, j'arrivais à la Souche, village frag-
menté comme Valgorge, où une tasse de café très bonne, du prix de
quinze centimes, acheva de me remettre en état. En ligne droite, ces
deux localités, situées de chaque côté du Tanargue, ne sont pas éloignées de plus de 8 kilomètres, et, en plaine, un bon marcheur fran-
chirait cette distance en moins de deux heures et sans fatigue ; mais une

montagne abrupte les sépare, et pour aller de l'une à l'autre, une marche de six heures suffit à peine. Le retour exige le même laps de temps, et, en définitive, il faut consacrer une longue journée à un voyage qui, ailleurs, exigerait quatre heures au plus. Jugez, par cet exemple, de l'obstacle que les montagnes apportent aux relations entre deux portions du même pays ou entre deux pays voisins ; il vous fera comprendre que nous, Français, restions plus étrangers à l'Italie et à l'Espagne, qui nous touchent, qu'à l'Angleterre, dont une mer nous sépare ; c'est qu'on franchit la Manche plus aisément que les Pyrénées ou les Alpes. Il résulte encore de ce fait que partout, en Vivarais comme en Suisse, les populations d'une vallée ont peu de rapports avec celles d'une vallée voisine, et que, pour les montagnards, l'activité, les intérêts et les déplacements ne s'étendent guère au-delà des limites de la vallée qui les voit naître.

Celle de l'Alignon, que je suivais pour me rendre à Jaujac, est une des plus belles des Cévennes et son torrent un des plus gros affluents de l'Ardèche. Ses deux versants n'ont pas moins de 400 à 500 mètres d'élévation au-dessus de la rivière, et sa longueur dépasse 40 kilomètres. Vers leur sommet ces pentes sont nues, rocailleuses, incultes, quelquefois boisées ; à mi-hauteur elles portent des châtaigniers, qui, tout à fait au bas de la montagne et dans sa partie la plus fertile, deviennent des arbres de première grandeur, élancés et capables de fournir encore ces pièces de charpente, étonnantes de force et de longueur, que nous admirons dans la toiture de nos vieilles cathédrales. Mais on a mieux à faire que de les exploiter pour cet usage ; les châtaignes sont aujourd'hui un des meilleurs revenus du pays et la base même de la nourriture d'une population qui ne récolte que fort peu de grains. A la zone des châtaigniers succèdent, tout au fond de la vallée, des vergers de pommiers, de poiriers et de pruniers ; ces derniers produisent abondamment dans cette gorge si bien abritée, et la fabrication des pruneaux paraît être une des industries de la vallée.

Trois kilomètres avant Jaujac, la gorge de l'Alignon s'élargit en un bassin entouré de montagnes qui portent, au sud, le volcan de la Croix-de-Millet, et, à l'est, le curieux cratère auquel on donne le nom de coupe de Jaujac. Dans cette partie de sa longueur ce n'est plus un ravin, c'est une vraie vallée, où de belles prairies remplacent l'étroite bande de prés qu'on voit régner de chaque côté du torrent auprès de la Souche. Ce bassin a probablement été autrefois un lac, et, sur ses bords, la tranchée de la route traverse des grès et des argiles remplies

d'empreintes de mollusques et de plantes, qui font présumer des amas
de charbon fossile à l'intérieur du sol. Si plus tard vous entendez dire
qu'on a découvert, auprès de Jaujac, des couches de houille exploitable,
vous n'en serez pas surpris ; rappelez-vous seulement que j'ai été le
premier à vous les signaler (1).

A six heures j'étais arrivé à Jaujac, village populeux, pénétré de son
importance et ne demandant, dit-on, qu'à enlever à Thueyts le titre de
canton, tout comme Aubenas convoite celui de chef-lieu du département. C'est, paraît-il, un fait assez commun dans l'Ardèche que ce
besoin de prépondérance, qui entretient, entre ville et ville, vallée et
vallée, une sorte de rivalité et de jalousie, faite pour exercer la verve
d'un philosophe amusant comme Charles de Bernard. Rappelez-vous,
mon cher ami, les intrigues plaisantes de Châteaugiron-le-Vieil et de
Châteaugiron-le-Neuf, dans son roman du *Gentilhomme campagnard,* et·
vous verrez à quel point ces luttes de prééminence peuvent troubler
la paix de populations qui, sans cela, vivraient tranquilles.

Mes deux heures de sommeil au bord de la route m'avaient si bien
ragaillardi qu'avant la nuit je me trouvai en état d'aller, à 2 kilomètres
de la ville, faire ma visite à la coupe de Jaujac. On me l'avait beaucoup
vantée ; elle est entière, m'assurait-on, nulle échancrure sur ses bords,
et l'on pouvait faire le tour du cratère ; c'était complet. J'acquis bientôt
la preuve que ce renseignement est inexact ; comme la coupe d'Aizac,
celle de Jaujac offre, vers le nord, une brèche qui a livré passage aux
laves. Cette coupe est toute basse, n'ayant pas 100 mètres de hauteur
en dehors et pas plus de 40 mètres intérieurement. Le cratère est
planté de châtaigniers, dont la plupart poussent assez mal ; en dehors
on a semé des pins, qui ne sont pas mieux venants et couvrent les
pentes d'un manteau de verdure très incomplet. En somme, tout en
méritant qu'on aille la voir, la coupe de Jaujac, sous le rapport de la
hauteur et de la beauté, est à celle d'Aizac comme 10 est à 100 ; si on
en parle davantage et si on la visite plus souvent, c'est qu'elle est d'un
accès beaucoup plus facile. Il en est de ces deux volcans comme de
certaines montagnes de la Suisse : tout le monde va au Righi, on y monte
en chemin de fer ; mais combien d'alpinistes ont escaladé le Cervin, le
mont Rose ou le mont Blanc ?

---

(1) En exprimant cette conjecture, je ne croyais pas dire aussi vrai. J'apprends,
en effet, à mon retour, que Jaujac est au centre d'un petit bassin houiller dont on
exploite les richesses à Prades, dans la vallée de la Salindre. Jugez, par cet exemple,
du coup d'œil géologique de votre vieux collègue !

Me voici installé pour la soirée et pour la nuit dans un mauvais cabaret fort sale, qui, tant sous le rapport de la nourriture que du coucher, me ménage sans doute des surprises désagréables ; mais force
est de m'en contenter, je ne puis trouver mieux à Jaujac. N'oubliez pas,
d'ailleurs, que je suis venu ici pour maigrir un peu : mauvaise table
et mauvais lit m'aideront à atteindre ce double but.

TROISIÈME SEMAINE

DE JAUJAC AU PUY ET A SAINT-ÉTIENNE

Montpezat-sous-Bauzon, 24 août.

**Les basaltes de l'Alignon. — La gravenne de Soulhiol.
La Gueule-d'Enfer. — Les falaises de Thueyts. — Les Échelles-du-Roi.
La gravenne de Montpezat.**

Avec la vallée de la Ligne, mon cher ami, je suis entré dans la partie du Vivavais la plus déchirée, la plus tourmentée, la plus bouleversée même, serais-je tenté de dire, si la géologie ne m'avait appris que des actions brusques, violentes, des bouleversements, n'ont eu probablement aucune part à l'étonnante topographie du pays que je traverse depuis deux jours; tout au contraire, un crevassement compliqué du granite et des érosions énergiques ont seuls, avec le concours des siècles, créé lentement, progressivement, ce sol raviné, sans analogue, dans le reste de la France, par les circonstances géologiques et par les beautés pittoresques qu'on y rencontre. Ce ne sont, en effet, que longs et immenses ravins convergeant vers l'est et portant dans cette direction les divers cours d'eau du bassin de l'Ardèche. Des murailles hautes de 300 à 500 mètres séparent ces ravins, et pour passer de l'un dans l'autre, on n'a d'autre alternative que celle-ci : ou bien escalader la muraille interposée à deux vallées, ou bien en suivre le pied jusqu'au bout, en contourner l'extrémité et s'engager alors dans le corridor voisin. Franchir un de ces murs est chose pénible, mais on y arrive dans sa journée ; en escalader deux le même jour est au-dessus de mes forces et j'y renonce. Devant donc passer ce soir de Thueyts à Montpezat à travers la haute crête qui les sépare, je n'ai pas voulu me donner, ce matin, la fatigue d'une première ascension pour aller de Jaujac à Thueyts ; j'ai préféré descendre la vallée de l'Alignon jusqu'à sa terminaison et remonter ensuite celle de l'Ardèche ; je n'ai pas à le regretter, car j'ai vu de fort belles choses dans ce trajet. Deux d'entre elles méritent particulièrement l'attention : d'abord des basaltes très beaux et d'une belle couleur bleuâtre, formant, sur les deux rives du torrent, une double colonnade très régulière et très élevée. Ce basalte paraît être, en partie du moins, sorti de la coupe de Jaujac et a d'abord rempli le ravin, y élevant une digue qui, pendant des siècles, a transformé la vallée en un lac ; mais la rivière n'a pas tardé à réagir contre cette digue, à l'entamer par ses érosions, et, avec le temps, l'a si bien coupée, qu'elle a fini par reconquérir son ancien lit. Les basaltes de l'Alignon sont assurément moins délicats, moins variés que les berges de la Volane, mais je les trouve plus élevés et au moins aussi beaux. L'autre chose intéressante et bien faite pour me captiver, auprès de Jaujac, est un volcan éteint, la gravenne de Soulhiol, à cheval sur l'arête granitique interposée aux deux vallées de l'Alignon et de l'Ardèche ; il s'est ouvert sur la crête même de la montagne, rejetant les produits de son éruption sur les deux versants, que recouvrent jusqu'en bas des lits de pouzzolane et de cendres rougeâtres.

Au hameau du Mas-de-Régis, je quittai la vallée de l'Alignon pour pénétrer dans celle de l'Ardèche, à 1 kilomètre au plus du point où viennent confluer ces deux rivières ; le site est magnifique, c'est un entonnoir limité par des pentes escarpées et ombragées jusqu'à leur sommet par de grands châtaigniers. Sous ces arbres pousse une herbe courte et rare dont s'accommode la sobriété des chèvres; la vache, plus exigeante, ne trouverait pas à vivre sur ce sol dépourvu de prairies, aussi voit-on très peu de ces animaux dans cette partie du haut Vivarais. Du Mas-de-Régis jusqu'à Thueyts le paysage est à peu près celui que je viens de vous décrire; des deux rives de l'Ardèche partent des versants granitiques dont l'un porte l'établissement thermal de Neyrac, dont on s'occupe peu à Paris, mais que fréquentent beaucoup les personnes du pays.

J'arrivai à Thueyts d'assez bonne heure, après une traite de 10 kilomètres, fréquemment interrompue par des temps de repos. Mes deux journées d'hier et d'avant-hier m'ont mis sur les dents, et mon premier soin, après avoir déjeuné, fut de me coucher pendant quelques heures ; mais la fatigue m'avait donné la fièvre, et je dormis mal. A une heure j'étais debout et sortais pour aller visiter toute une série de curiosités échelonnées sur les bords de l'Ardèche : en premier lieu, la Gueule-d'Enfer, arche fort élevée d'un pont sous lequel le torrent du Médéric vient déboucher au sommet d'une falaise de granite, pour, de là, se précipiter dans l'Ardèche en une cascade qui n'a pas moins de 100 mètres de hauteur. L'effet de cette cataracte doit être merveilleusement beau quand le torrent coule à pleins bords; pour le quart d'heure

il est à sec, et pas une goutte d'eau ne passe par la Gueule-d'Enfer.
Donc, ici, déception complète pour moi, admirateur enthousiaste des
eaux vives et des cascades. Mais aussi c'est bien ma faute ; pourquoi
ai-je choisi le mois le plus chaud de l'année pour aller voir des cataractes ? Est-ce que nous ne savons pas tous que les torrents sont à sec
pendant l'été, qu'une chute d'eau n'est belle qu'après l'hiver et dans
la saison des pluies ? Cependant, malgré la siccité complète du ravin, le
site est si remarquable que j'éprouvai encore un vif plaisir à l'avoir tel
quel sous les yeux. Avec un peu d'imagination d'ailleurs on arrive à se
peindre la Gueule-d'Enfer pourvue de sa cascade, et l'on supplée jusqu'à un certain point à ce qui lui manque aujourd'hui.

Il est probable que l'aveu de mes impressions à la Gueule-d'Enfer va
vous réjouir : admirer, d'après l'idée qu'on s'en fait, une cascade qui
n'existe pas, vous paraîtra le comble de l'enthousiasme et de l'illusion.
Que voulez-vous que j'y fasse ? Ce n'est pas ma faute, c'est ainsi que
le ciel m'a fait, constamment dominé par l'idée fausse. Quoi qu'il en
soit, absurde ou non, je préfère mon tempérament au vôtre, qui probablement vous laisserait froid en face des cascades très réelles que le
hasard placerait sous vos pas ; car de supposer que vous les iriez chercher vous-même, c'est une idée, mon *gros*, à laquelle j'ai renoncé depuis longtemps.

La Gueule-d'Enfer marque le commencement ou la fin d'une splendide
falaise de basalte, qui borde l'Ardèche sur une longueur de 600 mètres,
juste au-dessous de la ville de Thueyts ; sa hauteur dépasse 100 mètres.
Quel beau et noir rempart, mon cher ami, et qu'on se sent écrasé de
sa grandeur quand on se trouve placé tout auprès ! Il repose sur le
granite par une première couche colomnaire d'une dizaine de mètres
d'épaisseur, au-dessus de laquelle la lave ne forme plus qu'un magma
compact, où la structure polyédrique s'accuse à peine et seulement de
loin en loin.

Je fus promptement rejoint auprès de la falaise de Thueyts par
une famille de touristes, arrivée à l'auberge quelques instants après ma
sortie. Elle se composait de trois dames et du frère de l'une d'elles,
député d'un de nos départements du Centre, venu à Vals pour sa santé.
C'étaient d'aimables gens, fort bien élevés et, bien qu'habitués à la
vie parisienne, s'intéressant plus que vous ne le faites aux beautés
de la nature. En suivant le pied de la falaise, à travers des vergers suspendus au-dessus de l'Ardèche, nous arrivâmes tous ensemble aux
Echelles-du-Roi, sorte d'escalier en saillie sur la paroi du basalte, et

dont se servent les habitants de Thueyts pour aller de la rivière à la ville. A la vérité, ce sentier n'est pas commode, et il faut en avoir l'habitude pour s'y aventurer de pied ferme : une pente de 40 degrés sur quelques points, à peine 1 mètre de largeur, une absence complète de parapet d'un côté, d'où un précipice qui se creuse de plus en plus sur la droite à mesure qu'on s'élève, tout cela est de nature à effrayer une personne peu faite à l'usage de ce dangereux passage. Les dames, après l'avoir lorgné un instant, refusèrent de s'y engager ; le frère, ayant à cœur de soutenir l'honneur du sexe fort et pour faire preuve de bravoure, mit le pied sur les Echelles avec une résolution apparente ; mais, au bout de vingt pas, je vis mon homme pâlir, s'accrocher au mur et n'avancer qu'avec la plus extrême lenteur. Comme l'amour-propre seul l'empêchait de reculer, et que, d'un autre côté, il tenait à rapporter à ses compagnes sa personne en bon état, il dut bientôt se résigner à opérer son ascension en marchant sur les pieds et sur les mains (à quatre pattes, diraient les enfants), et c'est de cette façon peu poétique qu'il parcourut les 80 mètres qui nous restaient à monter. Deux ou trois fois j'eus l'indignité de l'engager à se retourner pour admirer le point de vue ; peine inutile, il avait trop à faire pour se maintenir sur ce maudit escalier et resta sourd à mon conseil. Après vingt minutes d'une montée effectuée *more ferarum*, mon compagnon, parvenu au sommet des Echelles, put enfin reprendre une attitude plus conforme à la dignité humaine et relever l'*os sublime* donné par Dieu à l'homme pour contempler le ciel.

Je le sens, c'est mal à moi, mon cher ami, de me moquer de la sorte des terreurs d'un pauvre homme peu fait aux courses en montagne, et rendu peut-être par sa maladie plus sujet au vertige ; je m'en suis déjà fait des reproches. Vous me pardonnerez, comme je me pardonne moi-même, par cette considération que, pendant tout le temps passé sur les Echelles, j'ai tenu à lui faire un rempart de mon corps et à lui éviter toute mésaventure fâcheuse. C'est égal, c'était bien drôle de voir un grave député décoré marchant à quatre pattes comme un enfant.

A trois heures nous avions rejoint les dames à l'auberge de Thueyts ; leur voiture était prête et se mit aussitôt en marche sur la route de Vals. De mon côté, je m'acheminai, dans un équipage beaucoup plus simple, vers la gravenne de Montpezat, que, de Thueyts, on voit couronner la haute crête qui s'étend entre les deux vallées de la Fontollière et de l'Ardèche. Heureusement pour moi, un chemin dont la pente a été aussi adoucie que possible conduit à Montpezat, passant à mi-

hauteur de la gravenne. Ce volcan est un des plus grands cônes à cratère de la contrée; arrivé à son sommet, on a à ses pieds deux vallées,
deux villes, et l'on jouit d'une vue étendue sur les montagnes voisines.
Comme tous les volcans quaternaires de l'Ardèche, celui-là est formé
par une quantité prodigieuse de matières pulvérulentes diversement
colorées. Les laves de la gravenne de Montpezat, de nature basaltique
comme celles de la plupart des volcans du Vivarais, se sont écoulées
vers Thueyts, mais surtout dans la vallée de la Fontollière, détruisant
de ce côté la régularité du cratère, qui n'est plus indiqué que par une
dépression peu profonde dans laquelle poussent quelques pins. On a
cherché, en effet, à boiser la gravenne, mais sans grand succès jusqu'ici; le temps n'a pas encore fertilisé ces cendres, relativement récentes, et les arbres y viennent mal, sauf le châtaignier, qui s'en accommode assez bien; aussi les flancs du volcan sont-ils presque aussi
nus qu'au lendemain de l'éruption. Avant d'en atteindre la base, le
sentier traverse un ravin suivi autrefois par les laves pour gagner le
fond de la vallée; là, en effet, les matières meubles font place à une
roche noire, très dure, dont la nature n'est pas douteuse; l'œil suit
aisément cette coulée, qui aboutit aux couches dans lesquelles la Fontollière s'est ouvert sa tranchée. On apprécie bien la profondeur de
cette tranchée, la hauteur de ses falaises, leur physionomie tout à la
fois curieuse et effrayante, quand on examine le tout du pont suspendu
jeté sur la rivière 2 kilomètres au-dessous de Montpezat; on reste alors
saisi d'étonnement devant cette manifestation colossale des forces de
la nature, capables d'ébranler les fondements les plus solides du globe
et d'en tirer, en l'espace de quelques jours, une masse de matériaux
suffisante pour construire deux villes comme Paris.

Montpezat, mon cher confrère, est une petite ville laide et sale, qui
n'aurait pas eu l'honneur de ma visite, n'était sa position au milieu
d'un pays aussi curieux par ses accidents pittoresques que par les phénomènes volcaniques anciens dont on y voit les traces de tous côtés;
ceux-ci sont aussi variés et aussi instructifs que possible et compensent
largement les défauts d'une cité à laquelle on est libre de ne donner
que l'attention qu'elle mérite. J'aurais tort cependant de me montrer
ingrat envers Montpezat : j'y trouvai bon souper et bon lit; ce sont là
de sérieux avantages que ne m'ont pas offerts toutes les localités que
j'ai rencontrées sur ma route cette année.

La crête des Cévennes. — Le cratère de Fontollière. — La Loire. — Rieutort. Usclades. — Arrivée au lac d'Issarlès.

J'aurais bien dormi à Montpezat, sans un violent orage, dont, dès hier soir, j'avais vu se rassembler les éléments, et qui a duré une bonne partie de la nuit; celui-là était complet : quels éclairs, bon Dieu! quelles détonations! quel déluge de pluie! Vous ne vous doutez guère, mon cher ami, du bruit que fait un orage s'abattant sur les montagnes : le tonnerre, répercuté par les mille échos des vallées, éclate en explosions formidables et en roulements prolongés, qui réveilleraient un mort. Moi, qui, grâce à Dieu, vis encore, je n'ai pu fermer l'œil jusqu'au moment où cet infernal tapage a pris fin, vers les trois heures. A mon réveil, temps superbe, de l'air, de la fraîcheur, une vraie journée de marche; j'ai voulu en profiter, sans trop tarder, et, à huit heures, je quittai Montpezat pour gagner le hameau du Pal, où j'avais à voir des choses du plus haut intérêt. Ma nuit, bien qu'incomplète, m'avait cependant assez bien remis de mes fatigues, et je marchais avec entrain. Vous ne sauriez croire, mon cher ami, quelles sensations délicieuses procure une course en montagnes, quand on se sent à peu près valide; il y a là une jouissance d'une nature spéciale, un peu rude, mais une jouissance réelle, et le danger est de s'y laisser aller trop complètement. Tout entier au bien-être que procure la marche, on se laisse absorber par un besoin croissant de locomotion, on s'emballe, suivant une expression chère au professeur Z...; alors on cesse de bien voir, de réfléchir, et un voyage d'observations et d'études dégénère en une absurde course au clocher.

Pour me rendre au Pal, j'avais à remonter la vallée qu'occupe Montpezat, et que je crois être celle d'Aulière, sans en être sûr cependant, n'ayant pas trouvé le nom de sa rivière mentionné sur les cartes, pourtant très détaillées, que j'ai consultées. Une demi-heure après avoir quitté la ville, je fus rejoint par un employé des ponts et chaussées, que son service appelait au Pal, et qui s'offrit obligeamment à me guider; j'acceptai son offre et le suivis vaillamment d'abord, mais l'abandonnai bientôt, parce que son allure, beaucoup trop vive pour mes vieilles jambes, commençait à m'essouffler. Son départ me mit promptement dans un grand embarras; nous avions quitté la route

7

pour prendre des raccourcis, sentiers mal tracés, sur lesquels je ne tardai pas à m'égarer. Pour éviter un désagrément complet, je dus me faire un instant chercheur de pistes, tout comme un trappeur de l'Arkansas, et retrouver les traces de mon compagnon ; je finis par découvrir l'empreinte de ses pas, indiquée parfois seulement par une touffe d'herbe foulée, un caillou déplacé, une égratignure insignifiante du sol, etc., et, grâce à ces légers indices, je finis par atteindre un chemin mieux tracé, où cessait tout embarras.

A mesure que je m'élevais dans la vallée d'Aulière (admettons que ce soit là son vrai nom), l'aspect des montagnes devenait de plus en plus âpre et sauvage : encore quelques châtaigniers au bas des pentes ; plus haut, de ces petits champs en terrasses, dont je vous ai déjà parlé, et, au-dessus de cette zone cultivée, un versant dépouillé, rocailleux, hérissé de roches granitiques entourées de leurs débris accumulés. De l'autre côté de la vallée, en face de moi, je voyais le granite coupé d'une faille que remplissent des laves vomies par un cratère voisin, dont je vous parlerai dans un instant. Les masses noirâtres engagées dans la crevasse surplombent au-dessus du ravin d'Aulière, contrastant par leur couleur sombre avec les teintes plus gaies du granite.

J'étais arrivé à onze heures seulement au hameau du Pal, situé presque sur la crête des Cévennes ; là, on se trouve encore dans le bassin du Rhône, mais, quelques pas plus loin, on entre dans celui de la Loire. L'altitude considérable du lieu rend le panorama fort étendu et très saisissant ; quel que soit le point de l'horizon vers lequel se porte la vue, on ne voit partout qu'un sol tourmenté, déchiré, hérissé de mamelons, de crêtes ou de sommets aigus ; nulle part une surface plane de quelque étendue. J'éprouvai un vrai bonheur lorsque, parvenu sur la crête des Cévennes, je pus remplir avidement mes yeux du saisissant tableau de la région convulsionnée qui m'entourait. Nulle part encore je n'avais mieux senti l'attrait irrésistible des montagnes et leur supériorité sur les autres spectacles que nous offre la nature. Certainement la mer est une grande et belle chose ; elle fait sur l'âme une impression profonde, mais son intérêt s'épuise vite, et les yeux se fatiguent promptement de cette immensité ; telle est, du moins, l'impression qu'elle m'a laissée. Quelle différence entre cette monotonie et l'infinie variété d'une région montagneuse, où la scène se modifie à chaque pas, et souvent change entièrement tous les cent mètres ! Ici l'esprit et les yeux sont tenus constamment en éveil par de nouveaux décors, de mobiles tableaux, des perspectives toujours neuves et toujours belles.

Je le sais, mon cher confrère, vous préférez la mer et lui consacrez, chaque année, vos vacances; c'est peu fatigant, j'en conviens, mais je crois aussi qu'avec un meilleur jarret, vous auriez bien vite donné la préférence aux montagnes.

A 2 kilomètres du Pal, j'entrai dans une auberge bordant la route du Puy à Viviers, et y demandai à déjeuner. Pendant qu'on apprêtait ma pitance, j'allai visiter le cratère de Fontollière, qui n'est qu'à 200 mètres de la route ; il est célèbre dans les fastes de la géologie, et les traités les plus élémentaires concernant cette science en font mention. Voici comment Beudant s'exprime à son sujet : « On peut prendre, dit-il, une idée très nette de l'origine des filons basaltiques, aussi bien que des effets qu'ils ont pu produire, près du hameau du Pal, en Vivarais, au-dessus de la petite ville de Montpezat, où nous avons indiqué un des plus grands cratères d'éruption basaltique. Là, au bout d'un défilé étroit, entre deux montagnes abruptes, on trouve un cirque entouré de montagnes granitiques, escarpées vers son intérieur, et au milieu duquel s'élèvent trois cônes de scories. Or, le granite y est crevassé dans tous les sens et traversé par des filons basaltiques, les uns assez considérables, les autres très minces et dont la matière a pénétré jusque dans les plus petites fissures, ce qui indique à la fois sa fluidité et la force avec laquelle elle était poussée. L'un des grands filons court précisément dans la direction d'une coulée basaltique placée à l'extérieur du cirque, qu'on voit sortir évidemment du granite et qui se dirige vers Montpezat. »

Je connaissais donc déjà le cratère de Fontollière par la description qui précède, mais autre chose est apprendre un fait géologique curieux dans un livre ou l'observer dans la nature ; vous comprenez combien, dans ce dernier cas, l'intérêt est plus puissant. A celui qui résultait de la nature même des lieux, s'ajoutait, chez moi, le désir de vérifier la description du célèbre géologue. Ce qu'il avance au sujet de cette importante localité est d'une rigoureuse exactitude, je pus m'en convaincre en retrouvant là les divers objets signalés dans le passage de son livre : voici, en effet, le défilé donnant accès dans le cratère ; la Fontollière naissante en occupe le thalweg. Tout au bout je trouve un cirque large de 1 500 à 1 600 mètres, aux parois escarpées et partout boisées ; le fond en est uni et couvert de bois, de cultures et de prairies. Voici les trois cônes de scories dont parle Beudant : l'un d'eux est presque effacé ; les deux autres, au contraire, sont bien conservés, hauts de 40 à 50 mètres ; un bois touffu de hêtres couvre chacun d'eux jusqu'au sommet. Là-bas, vers l'est, j'arrive à la coupe du filon de laves qui traverse la roche granitique, et a versé dans la vallée d'Aulière la coulée qu'on aperçoit en quittant Montpezat. Sur ces mêmes parois de l'est, près du filon, le granite est crevassé, injecté de basalte, et je puis en recueillir des fragments empâtés dans la lave, altérés, métamorphisés par sa chaleur. Toutes ces choses, qui vous touchent peu, sont pour moi d'un immense intérêt, instructives au plus haut degré, et vous comprendrez qu'au risque de laisser brûler mon déjeuner, j'aie consacré une bonne heure à l'étude de l'ancien volcan du Pal. Un fait important ressort de la présence des trois cônes de scories qu'on voit dans son cratère, c'est qu'à l'inverse de la plupart des volcans du Vivarais et de l'Auvergne, qui n'ont eu qu'une éruption, celui-ci en a eu deux ou plusieurs, séparées par une série d'années dont le nombre échappe à nos calculs. Une première éruption a ouvert le cratère et a produit la coulée qui, par le ravin de Fontollière, s'est étendue jusqu'au-delà de Montpezat ; c'est également à cette première éruption que se rattache le filon enclavé dans la paroi granitique ; puis, après une période de repos, pendant laquelle le fond du cratère s'est consolidé et nivelé, une seconde phase d'activité est survenue, et trois cônes adventifs se sont élevés dans l'ancien volcan, de la même manière que le Vésuve actuel est né, en l'an 79 de J.-C., dans le cratère démantelé de la Somma.

En gravissant l'un des trois petits vésuves de Fontollière, je fus très surpris de la forme régulièrement sphérique et de la compacité de certaines touffes de hêtres qui croissent sur ses flancs ; on les croirait taillées de main d'homme, comme les ifs de nos vieux jardins français ; du centre de plusieurs de ces boules on voit surgir une ou plusieurs tiges plus ou moins élevées. Cette forme bizarre, si différente du port naturel du hêtre, me paraissait surprenante dans des arbres poussant en liberté, et je ne pouvais me l'expliquer. Le mot de l'énigme me fut bientôt donné ; ce sont les bestiaux, chevaux et vaches, mis à pâturer dans ces bois, qui opèrent cette taille bizarre. Quand un taillis commence à repousser, les jeunes touffes sont pincées par les chevaux ; l'animal, tournant autour de la cépée, l'arrondit avec sa dent et finit par lui faire prendre la forme sphérique. Incessamment tondue, la boule se feutre, s'épaissit, comme l'herbe de nos prairies, mais en même temps elle s'accroît lentement. Au bout de quelques années cependant, son diamètre est assez considérable pour que le cheval ne puisse plus en atteindre le sommet, et alors, de ce point, part un rameau plus robuste, qui grandit rapidement et forme un nouvel arbre, dont le pied se perd dans la sphère de feuillage. Pendant ma promenade à Fontollière, plusieurs de ces jardiniers à quatre jambes étaient occupés à tailler les hêtres, et je vous affirme que leur façon d'opérer est bien celle que je vous ai fait connaître.

Comme les trois petits cônes adventifs, le fond du cratère est formé de scories et de matières meubles ; les eaux pluviales s'infiltrent dans ce sol poreux, mais, arrêtées par le granite sous-jacent, elles s'écoulent souterrainement et viennent sourdre près de l'entrée du cratère, formant, dans cet endroit, une source abondante, origine de la Fontollière. Cette eau, filtrée par les cendres du volcan, est limpide, très pure et très fraîche ; elle invite à boire, et je ne fus pas surpris, en arrivant près d'elle, d'y trouver un bon gendarme couché à plat ventre, le nez dans le ruisseau, et apaisant la soif causée par sa tournée du matin. Je l'engageai à cesser ses libations et à m'accompagner à l'auberge, où nous trouverions une boisson plus sapide. Il ne se le fit pas dire deux fois, ramassa son flingot, et me suivit chez le cabaretier, dont l'omelette et les saucisses parurent être fort à son goût.

A la pensée louable d'obliger gratuitement un brave serviteur de l'État, se mêlait pourtant, chez moi, un sentiment intéressé ; ma politesse, j'ai honte de le dire, avait aussi pour but de me concilier le représentant de la force publique et d'endormir sa vigilance. Je connais trop maintenant tout ce que ma figure a de suspect, j'étais sans papiers, et s'il eût pris fantaisie au gendarme de m'envoyer faire constater mon identité à Privas, il en avait certainement le droit. Je sais bien qu'on m'eût promptement relâché, il n'en eût pas moins été fort désagréable d'aller faire connaissance avec les prisons de l'Ardèche, et de perdre ainsi deux ou trois jours de mes vacances ; je réussis au gré de mes désirs, Pandore ne se montra pas à mon égard plus curieux qu'il ne me convenait.

A une heure je quittai mon commensal, qui retournait à Saint-Cirques-en-Montagnes, et, mon sac sur le dos, je commençai à descendre vers la vallée de la Loire. Le pays que je rencontrai d'abord sur le versant occidental des Cévennes me rappelait assez bien l'Auvergne ; comme dans cette province, c'était une suite de prairies couvrant de longues pentes, des croupes arrondies, et parcourues par des troupeaux de vaches. Celles-ci toutefois n'ont pas la beauté des vaches d'Auvergne ; ce sont des bêtes blondes, de grosseur moyenne et d'une conformation médiocre, qui reflète la médiocrité des herbages. Au bout d'une heure j'entrais dans une forêt de sapins et de hêtres, couvrant de tous côtés le Suc de Bauzon, cône volcanique de 1 474 mètres de hauteur absolue, dont les laves se sont écoulées vers le sud et vers l'ouest ; j'ai traversé cette forêt dans les deux tiers de son étendue, et, grâce à de récentes rectifications de la route, Dieu sait quel chemin j'ai dû y faire. Vous seriez dans l'erreur, en effet, mon cher ami, si vous attachiez au mot *rectification* le sens de *redressement* ; c'est précisément l'inverse qu'il faut entendre. Dans la langue des ingénieurs, rectifier une route, c'est en adoucir la pente et la rendre praticable pour toute espèce de véhicules chargés ; naturellement, on n'obtient ce résultat, dans les montagnes, qu'en les contournant par de très longs circuits, ou en multipliant les lacets pour s'élever sur leurs flancs, c'est-à-dire en allongeant beaucoup cette route ; tel chemin comptait primitivement 6 kilomètres, après sa rectification il en aura 10.

Par suite de ces malencontreuses rectifications, j'arrivai à quatre heures seulement sur les bords de la Loire, près d'un village qui porte le nom significatif de *Rieutort* (*rivus tortus* ou *tortuosus;* la Loire, venant du nord, s'infléchit brusquement vers l'ouest). Bien que quelques lieues à peine la séparent de sa source, elle a déjà, à Rieutort, des allures de grande dame ; il lui faut un lit de 40 mètres de largeur, des ponts à trois arches de 10 mètres chacune ; des bancs de sables et de graviers s'étalent sur ses bords ; là, enfin, on pressent cette puissante rivière, le plus grand de nos fleuves exclusivement français, qui doit atteindre 400 mètres de largeur dans l'Orléanais, pour arriver à 500 et 600 mètres en Anjou et dans la Vendée.

C'est à 2 kilomètres en amont de Rieutort, au pont de la Vestide, que je franchis la Loire, et m'élevant sur les versants de sa rive droite, j'arrivais, vers cinq heures, à Usclades, village entièrement découvert et, comme Lachamp-Raphaël, bâti presque sur la crête des montagnes. Ce doit être surtout un village de pasteurs, si j'en juge par l'étendue des herbages qui l'avoisinent. En lui-même il est fort triste, mais le pays environnant est si accidenté, si montagneux, que la vue trouve toujours à s'y récréer, et que le séjour n'en doit pas être sans charme, sauf en hiver. Tout à l'extrémité du village je rencontrai un cabaret dont l'apparence proprette me plut et où j'entrai manger un morceau. La cabaretière, encore jeune et remarquablement belle pour une Cévennole, était presque aussi couverte de colliers, d'anneaux et de chaînes métalliques que la femme d'un chef africain. Elle n'avait cependant pas besoin de ces artifices pour relever ses charmes ; mais il est, paraît-il, naturel à la femme d'aimer les bijoux, et l'on n'a jamais dit que les plus belles fussent les moins coquettes. Elle me servit une tasse d'une bonne soupe aux légumes, deux œufs, une aile de poulet, du café et du sucre à discrétion ; puis, après avoir réfléchi un instant et avec une certaine hésitation, elle me demanda, pour ce repas, la somme modeste de *quinze sous*. Je ne pus réprimer un éclat de rire et demandai à cette femme ce qu'elle pouvait bien gagner à ce compte. Sa réponse fut qu'effectivement elle ne gagnait rien ou que très peu de chose, mais que les consommateurs du pays, par leur lésinerie, obligeaient à réduire beaucoup les bénéfices, et que, d'un autre côté, son mari gagnant bien sa vie avec son état de voiturier, la nourriture était en quelque sorte, chez elle, un article sacrifié, servant surtout à conclure les affaires de transport. Je n'en restai pas moins surpris de la modicité de ses prix et de son explication : la nourriture, article sacrifié dans une auberge, l'auriez-vous jamais supposé, mon cher confrère ? Je lui donnai le double de la somme demandée, estimant encore avoir fait une bonne affaire.

Comme il me restait deux bonnes heures de jour, je voulus les utiliser en me rapprochant le plus possible du lac d'Issarlès. Toutefois il ne fallait pas songer à continuer ma route à pied ; on m'assure que j'ai fait 22 kilomètres pour venir de Montpezat à Usclades, et mes jambes sont tout à fait de cet avis ; ajouter à cette traite une douzaine de kilomètres à travers un pays aussi accidenté et fatigant que celui-ci était au-dessus de mes forces. A ma demande, la cabaretière se mit à chercher dans le village, et obtint d'un de ses voisins qu'il me conduisît à cheval jusqu'au lac d'Issarlès, où je trouverais à coucher au hameau qui en est tout proche.

En attendant que le cheval me fût amené, je fis, suivant mon habitude, le tour du village, pour en inspecter les murs et m'assurer qu'il ne s'y trouvait pas quelque spécimen d'une roche intéressante dont ma collection pourrait bénéficier. Je rencontrai bientôt, en effet, dans un mur d'enclos, une série de blocs formés de grandes lames de mica noir entre-croisées dans une masse de feldspath très blanc ; je n'avais pas encore vu cette variété de pegmatite, et ne résistai pas au désir d'en prendre un échantillon. Après m'être assuré que j'étais bien seul, et qu'aucun importun ne viendrait me troubler dans mon travail, je me mis à jouer vigoureusement du maillet, et j'allais détacher un bel échantillon quand, juste au-dessus de ma tête, j'entends la voix d'un paysan me crier : « Dites donc, l'ami, si vous aimez les pierres, ne vous gênez pas, entrez dans mon jardin, vous en trouverez un gros tas ; mais, de grâce, cessez d'endommager mon mur. » Ce que cette voix me causa de honte et d'embarras, je ne saurais vous l'exprimer, mon cher confrère ; non pas que je fusse honteux seulement de me sentir pris en faute, mais surtout parce que j'avais compris déjà qu'à la place du paysan, j'aurais agi tout autrement ; j'aurais, pour le moins, lancé un pavé sur la tête du géologue, en manière d'avertissement, et le sentiment de cette conduite brutale, rapprochée de la douceur du paysan, était bien fait pour me couvrir de confusion. Pour un motif futile, j'aurais peut-être assommé un homme ; lui se bornait à me rappeler au respect de sa propriété, me conviant amicalement d'ailleurs à venir satisfaire, sur son terrain, ma passion pour les minéraux : « Dites donc, l'ami, si vous aimez les pierres, ne vous gênez pas, etc. »

O homme, ô paysan, où donc as-tu puisé cette patience et cette douceur que j'admire et que j'envie? Sont-elles, chez toi, un don de la nature? Je ne le crois pas : la nature est violente et prompte à venger les injures. Sont-elles le résultat d'une philosophie purement humaine? Ce n'est pas non plus probable : la philosophie éclaire l'homme sans doute, elle sait peut-être lui tracer la voie, mais lui donne rarement la force d'y marcher. Ne serait-ce pas plutôt le fruit d'un enseignement chrétien, et l'application de cette parole de paix donnée par Dieu aux hommes, que, chaque dimanche, tu vas entendre dans l'église de ton village? Je suis plus tenté de le croire : la religion seule peut à la fois éclairer l'esprit, provoquer l'énergie, affermir la volonté.

Quel que fût le mobile de la conduite du paysan d'Usclades, qu'il ait agi en philosophe ou en chrétien, j'étais amené, par son exemple, à sentir toute la supériorité de la morale chrétienne sur les suggestions de la nature humaine, dans ces occasions qui exercent rudement notre patience, et, mieux que je ne l'avais fait encore, je comprenais l'excellence d'une religion qui fait aimer les hommes, adoucit les cœurs, et, dans les plus révoltantes injustices, comme dans les plus cruelles persécutions, ne met aux lèvres que des paroles d'indulgence et de pardon. Convenez, mon cher ami, qu'une telle doctrine a été un immense bienfait pour l'homme, et qu'il en avait besoin ; car enfin, à moins de se mettre en lutte ouverte avec ses semblables et d'avoir constamment l'épée à la main, il faut bien supporter les travers et les injures de l'humanité pour vivre en paix avec elle ; le Christ le savait bien, et ce n'est pas sans de pressants motifs qu'il a édicté cette loi de tolérance et de mansuétude, qui paraît si dure à notre orgueil.

Messieurs les radicaux, dispensez-vous de chercher la solution de la question sociale, elle est depuis longtemps trouvée; elle réside tout entière dans ce code de l'Évangile, qui règle de la façon la plus simple, la plus sage et la plus sûre, les rapports des hommes entre eux. Vous n'admettez pas cela, c'est en vain pourtant que vous espérez trouver quelque chose de plus parfait; depuis longtemps le Christ nous a enseigné à secourir et à aimer nos frères souffrants, et les sociétés chrétiennes pratiqueront la fraternité humaine depuis vingt siècles, que vous en serez encore à vous débattre dans des conceptions utopiques, d'où ne sortiront jamais que la violence et la sottise.

Et vous, monsieur Dumas, croyez-vous que le précepte de pardonner « septante fois sept fois » ait une portée morale bien inférieure à votre fameux « Tue-la », seul expédient que votre intelligence et votre cœur aient su trouver pour sauver l'honneur d'un mari trompé? Heureusement pour vous, vous aviez d'autres titres à l'Académie française, celui-là était insuffisant pour vous y faire entrer!

Ces réflexions se pressaient en foule dans mon cerveau et, pour un instant du moins, avaient fait de moi le plus patient des hommes. Une armée de géologues serait venue dans ce moment renverser les murs de mon jardin (notez que je ne possède ni jardin ni mur), qu'en vérité je l'aurais laissée faire. Pendant un bon quart d'heure ou peu s'en faut, j'oubliai les volées de bois vert que mon excellent maître Z... m'a si largement distribuées il y a deux ans; je pardonnai même à la jument Pranlas la collection de ruades qu'elle me destinait quinze jours auparavant sur les pentes du Mézenc, tant les bons exemples ont de puissance pour améliorer le cœur de l'homme!

J'acceptai avec empressement l'offre qui m'était faite, et, étant entré dans le jardin du paysan, j'y trouvai en effet des monceaux de la même roche, provenant du défoncement du terrain, et parmi lesquels je pus, à l'aise et sans remords, me tailler une série de beaux échantillons.

Quant à la singulière manie dont vous me voyez possédé de dégrader les murs, elle s'explique par la variété des pierres qu'on y rencontre. Vous concevez qu'il n'est pas une roche particulière à un pays, qu'on n'ait chance de la voir figurer dans les constructions, où l'on peut la puiser sans se donner la peine d'aller aux carrières, qui sont parfois d'une recherche difficile ou éloignée. Les murs sont donc, en réalité, pour le géologue, une mine des plus commodes et parfois des plus riches. Il serait trop long de vous énumérer toutes les belles choses dont je suis redevable aux murailles des localités que j'ai visitées; en voici pourtant quelques-unes : outre l'hypérite volée, l'an passé, à Journiac, en Auvergne, j'ai recueilli, au printemps dernier, dans le vieux cirque romain de Fréjus, des grès bigarrés verts, que j'aurais vainement cherchés ailleurs. Quelques jours auparavant, le phare de Porquerolles, une des îles d'Hyères, m'avait fourni un quartzite rose magnifique ; toutefois, avant de commettre mon larcin, je m'étais assuré que les gardiens du phare étaient à table, occupation récréative, et partant absorbante, pour des gens qui passent leur vie à s'ennuyer dans une lanterne ; sans cela, comprenez-vous ce qui serait advenu de votre vieux confrère, si on l'eût surpris démolissant le phare de Porquerolles, un phare tout neuf? Le lendemain, j'emportais de Cannes deux ou trois morceaux de ce beau porphyre rouge quartzifère de l'Esterel, que j'avais très habilement extraits des remparts de la ville. Deux jours après, j'étais installé sur le cap de la Garoube, chez mon savant ami Charles Naudin, membre de l'Académie des sciences et directeur d'un établissement horticole de l'État, la Villa-Thuret, près d'Antibes. Je trouvai les murs de cette splendide propriété farcis de mélaphyres, de spilites et d'amygdaloïdes ; je recueillis soixante variétés au moins de ces roches ; j'y ébréchai même mon marteau à force de frapper ; mon ami Naudin n'en soupçonna rien, le pauvre homme est sourd, sans quoi soyez sûr que, quelque indulgente que soit son amitié, il ne m'aurait pas laissé de gaieté de cœur détériorer sa villa. Je pourrais vous citer vingt autres trouvailles du même genre, d'où il résulte que, sans sortir de l'enceinte d'une ville, on peut réunir les éléments d'une collection lithologique déjà nombreuse. A Paris surtout, quelle variété dans les minéraux employés pour ses constructions, pour le pavage et le macadam de ses rues ! Sans vous en douter, mon cher confrère, vous foulez du pied, chaque jour, des choses merveilleuses, qui feraient l'ornement d'une galerie de minéralogie. Examinez, un jour de pluie, les granites des trottoirs, vous serez surpris de la beauté de certains d'entre eux. Il en est une douzaine au moins que je ne rencontre jamais sans être véhémentement tenté d'en faire entrer un morceau dans mes tiroirs ; j'ai résisté jusqu'ici, mais je ne dis pas qu'un jour ou plutôt qu'une nuit... C'est que, voyez-vous, je ne serais pas embarrassé pour abattre l'angle d'un trottoir.

Je ne prétends pas, mon cher confrère, que ma conduite à l'endroit des murs soit absolument irréprochable, et vous permets de la blâmer sévèrement, d'autant que je ne puis l'excuser que par la passion des pierres, tout comme les Allemands justifiaient par la guerre les vexations de toute nature qu'ils nous ont fait subir.

En rentrant au cabaret, je trouvai une jument toute sellée qui m'attendait. Auprès d'elle gambadait un poulain de quelques semaines, qui, n'ayant jamais quitté sa mère, parut se résigner difficilement à une séparation pénible. Nous partîmes aussitôt, et, à peine sortis du village, nous nous engagions dans une contrée si coupée de ravins, si montagneuse, que, sans un guide et sans un cheval, je ne serais jamais arrivé au lac d'Issarlès aujourd'hui. Quelques cultures se montrent çà et là sur les collines ; ce sont surtout le seigle et l'orge qu'on y cultive ; mais la plus grande partie du terrain est inculte, et forme de maigres pâturages, où domine la bruyère. Tous ces terrains devraient être boisés et le seront sans doute un jour ; à cet égard, l'État donne l'exemple, que suivent quelques particuliers, et j'ai vu ce soir des semis de pins sylvestres, qui sont pleins de promesses.

Des divers affluents de la Loire que j'ai rencontrés dans la soirée, le plus important est la rivière de Gage ; on la traverse au-delà du Cros, petite bourgade bien modeste et bien cachée au fond d'une gorge. Comme on doit se trouver séparé du monde dans ce coin reculé des Cévennes ! Y vit-on moins heureux qu'ailleurs ? Ce n'est pas probable, puisque ceux qui trouvent du pain dans ce vallon ne songent pas à émigrer.

En traversant le domaine de Rochette, le chemin nous fit passer à proximité d'un massif de pins sylvestres centenaires, dont la beauté m'a beaucoup frappé. Rien ne manque à cet arbre de ce qui peut charmer l'œil de l'artiste. La teinte orangée de son écorce, les ondulations légères d'un tronc haut de 30 à 40 mètres, l'ample panache qui le surmonte, la couleur glauque du feuillage, la noblesse et l'élégance du port, font, d'un vieux pin sylvestre, la conifère, à mon sens, la plus décorative et la plus pittoresque de nos climats. Les sylvestres de Rochette croissent sur un sol basaltique assez humide, qui paraît leur convenir mieux encore que le granite, et cette circonstance n'est sans doute pas étrangère à leur beauté et à leur force exceptionnelles.

A mesure que nous avancions, les ombres du soir couvraient de plus en plus la région si curieusement accidentée que nous traversions ; on retrouvait un peu de clarté sur les hauteurs, mais, dans les gorges, l'air devenait tout à fait sombre. Cependant, en arrivant au lac, sur les huit heures et demie, j'apercevais encore son tranquille miroir réfléchissant les dernières lueurs du ciel, au fond du bassin que lui composent les montagnes et les bois qui l'encadrent. Impossible de vous en dire autre chose aujourd'hui ; demain je l'aurai bien vu, et vous en parlerai plus longuement.

A neuf heures nous arrivions, non sans l'avoir longtemps cherché, au hameau du Lac, et je trouvais, dans un cabaret, un lit et l'assurance d'un déjeuner pour le lendemain.

Ce soir, mon cher ami, j'ai constaté avec satisfaction combien j'ai fait de progrès en équitation depuis quinze jours. Je suis passé partout sans accident et sans crainte; penché sur le cou de ma bête dans les montées, me laissant porter sur les étriers dans les descentes, j'avance les mains dans mes poches, presque aussi solide sur ma selle qu'un vieux gendarme. Mes succès de cavalier, après tout, n'ont rien de très surprenant; nous allons constamment au pas, et ma jument est un animal paisible, ne ruant ni ne mordant, comme la jument Pranlas, et n'ayant pour l'instant d'autre préoccupation que son poulain, vers lequel je la vois tourner mélancoliquement la tête à chaque instant. A notre arrivée, son lait l'incommodait, et on dut la traire pour l'en débarrasser; j'en profitai pour goûter au lait de cavale; c'est fort bon, c'est sucré, léger et (parlant avec tout le respect dû à ce sexe aimable) non sans quelque analogie avec le lait de femme; or, vous n'ignorez pas que j'ai une grande expérience de ce dernier, étant tenu par devoir et par état de me livrer, d'un bout de l'année à l'autre, à une dégustation attentive du lait de mes nourrices. Bonne nuit, mon cher confrère, et à demain.

Arlempdes (Haute-Loire), 26 août.

Le lac d'Issarlès. — Le volcan de Lafarre. — La vallée de la Loire à Arlempdes.

Je vous écris, mon cher confrère, sous le coup de l'émotion persistante que me cause une singulière aventure qui m'est arrivée cette nuit; encore une histoire de puces, il est écrit que ces maudits insectes troubleront ma vie de toutes les façons; voici, en deux mots, l'affaire. La famille qui m'a hébergé la nuit dernière se compose de six personnes : du père et de la mère déjà vieux; d'une première fille, mariée et en ce moment nourrice d'un poupon de quelques semaines; du mari de la jeune femme; enfin d'une fille cadette âgée d'une vingtaine d'années, qui, probablement, n'attend qu'une bonne occasion pour suivre l'exemple de son aînée. J'ai soupé hier soir à côté de cette famille; avec le poupon ils étaient six, pas un de plus. Après dîner je laissai ces braves gens achever ensemble leur soirée et montai me coucher.

La chambre qu'on m'avait donnée contenait bien un second lit, mais je n'y avais pas fait autrement attention, et m'étais couché sans songer à vérifier si ce lit était ou non occupé d'habitude. La fatigue et la profondeur d'un premier sommeil me rendirent d'abord insensible aux piqûres des hussards noirs, mais, au bout de quelques heures, leurs morsures réitérées me réveillèrent, et alors commença une chasse que je n'ai plus à vous décrire, chasse irritante, pénible, mais indispensable si je veux avoir un peu de sommeil. Pour la troisième fois depuis une heure, j'étais relancé par les puces et venais d'en occire deux, quand, après avoir éteint ma chandelle et m'être réinstallé tant bien que mal dans un lit bouleversé, je crus entendre partir du lit voisin un léger bruit. J'écoutai attentivement, il n'y avait pas à s'y méprendre, quelqu'un couchait là : un souffle doux, flûté, musical, tel que peut l'exhaler la poitrine d'une jeune fille ou d'un enfant, s'y succédait avec un rythme d'une régularité parfaite. De qui provenait cette respiration ? voilà ce qu'il me vint tout naturellement à l'esprit de rechercher. Ce n'était pas à coup sûr des grands parents, que j'entendais toussailler au rez-de-chaussée ; ce n'était pas davantage du jeune ménage, qui parlait dans une pièce voisine, tout en s'occupant du bébé, et dont les voix m'arrivaient facilement à travers les minces cloisons de sapin qui nous séparaient. En procédant par exclusion, j'arrivai à conclure avec certitude que mon camarade de chambrée n'était autre que la seconde fille, qui, sans plus s'occuper de moi que du Grand Turc, était venue coucher à sa place habituelle. Vous le comprenez, mon cher confrère, les réflexions que me suggéra ma découverte n'étaient pas précisément gaies : si peu de prétentions qu'on ait conservées, il n'est pas agréable de s'avouer qu'on n'est plus compté pour rien par le beau sexe. Mais une autre préoccupation m'assiégeait à ce moment et me jetait dans une cruelle inquiétude : si ma voisine, réveillée par le bruit, m'avait vu cherchant mes puces ! Je vous l'affirme, je mets toute la décence possible dans cette recherche, mais enfin, quand on se livre à la chasse des puces, il faut bien aller les prendre où elles sont. La pensée que j'avais pu être aperçu dans mon déshabillé forcé était pour moi un vrai cauchemar et me tint éveillé le reste de la nuit ; aussi, à cinq heures, ayant entendu le vieux père ouvrir la porte de la maison, je m'habillai à la hâte sous mes rideaux et sortis pour aller faire le tour du lac, l'esprit toujours obsédé de mes craintes. J'ai peut-être tort, mon cher confrère, de m'alarmer de la sorte, car ma voisine, qui devait dormir comme on dort à vingt ans, n'a sans doute rien vu du tout. Si pourtant elle m'avait vu ! Eh bien, si elle m'a vu, tant pis pour ces braves gens ou plutôt tant mieux, car on n'est pas..... Auvergnat à ce point-là ; une autre fois, ça leur apprendra à faire coucher dans la même pièce une fille de vingt ans, un homme irritable et des puces.

Huit cents mètres au plus me séparaient du lac, et je les eus bientôt franchis. Avant six heures donc, je me trouvais en face de cette nappe d'eau, dont, au crépuscule, je n'avais pu prendre, hier soir, qu'une idée fort imparfaite ; je la voyais, ce matin, au grand jour, et aucun de ses traits ne pouvait m'échapper. C'est un des beaux lacs alpestres de la France, malgré l'exiguïté de ses dimensions ; il n'a, en effet, que 1 200 mètres de largeur du nord au sud, et compte 1 000 mètres seulement de l'est à l'ouest. Sa profondeur, mesurée l'année dernière, grâce à l'épaisseur des glaces, qui a permis d'arriver jusqu'au centre, est, en ce point, de 225 mètres, par conséquent très supérieure à celle du Pavin, auquel le lac d'Issarlès ressemble, sans être toutefois aussi grand et aussi beau. Des côtés du nord et de l'ouest, ses rives sont basses et nues ; vers l'est, elles sont boisées, rocheuses, très hautes et très pittoresques. Au sud, un mamelon couvert de grands pins sylvestres domine le lac d'une centaine de mètres, et c'est de cet endroit que la vue en est la plus belle. Des sources, des ruisselets coulent sur ses bords, et lui composent autant d'affluents, dont l'apport, peu considérable en somme, se mesure exactement par le volume d'un ruisseau qui, du côté de l'ouest, déverse le trop-plein du lac sur des prairies. Outre sa beauté pittoresque, j'avais à cœur de vérifier le renseignement donné par Joanne, et d'après lequel le lac d'Issarlès occuperait le cratère d'un volcan ; j'acquis bientôt la preuve qu'il n'en est rien. Son bassin est creusé dans le granite, et l'on n'y rencontre de roches volcaniques que dans une partie fort limitée de son pourtour, sur le trajet d'une petite coulée de laves descendue d'un volcan du voisinage. Jamais donc cette excavation n'a été le théâtre d'éruptions régulières, et je n'y puis voir qu'un cratère d'explosion, c'est-à-dire l'orifice de sortie momentanée de gaz, qui, ne trouvant pas une issue suffisante par la bouche du volcan, se sont créé une voie de dégagement collatérale à travers le sol environnant. Reportez-vous, mon cher ami, à ce que je vous ai dit, il y a deux ans, de l'origine de plusieurs des lacs d'Auvergne, vous y trouverez quelques détails complémentaires sur les cratères d'explosion ou *maare*, comme on les appelle en Allemagne.

Au mois de mai dernier, le lac d'Issarlès a été le théâtre d'un bien triste événement, dont on parle encore dans le pays ; un jeune homme de Langogne, un fou de dix-huit ans, trop confiant dans ses forces, n'avait-il pas fait, avec quelques camarades de son âge, le pari de traverser le lac à la nage! Pour son malheur, aucune personne sensée n'était là pour le détourner d'une aussi téméraire entreprise. Parvenu au tiers du trajet, le froid de ces eaux glaciales commença à le saisir; la fatigue, la conscience du danger, achevèrent de paralyser ses mouvements; on l'entendait crier au secours, mais aucune embarcation ne se trouve sur le lac, et, après s'être débattu pendant quelques instants, le malheureux sombrait sous les yeux des complices de son imprudence; le lendemain, le flot rejetait son corps sur la plage.

Les environs du lac d'Issarlès sont, comme toute cette région de la France, extrêmement montagneux; c'est la partie centrale des Cévennes, elle touche au Mézenc. N'était la durée trop prolongée de ses neiges, ce serait un séjour fort agréable, la résidence de mes rêves, d'autant plus que la chasse y est belle : beaucoup de cailles en primeur, lièvres encore nombreux, fructueux passages de bécasses à l'automne et au printemps; il y a là de quoi s'occuper une partie de l'année. Le cabaretier et son gendre m'énuméraient toutes les ressources cynégétiques de leur pays, ne se doutant pas du mal qu'ils me faisaient avec leurs attrayants récits.

Quand je rentrai au cabaret, sur les huit heures, j'avais déjà fait 4 ou 5 kilomètres, et escaladé pas mal de rochers autour du lac. Cette promenade, qui suffirait amplement à la journée d'un marcheur de votre force, n'était, pour moi, qu'une course préparatoire, destinée à me mettre en haleine; j'avais en effet, pour gagner le village d'Arlempdes, à faire 16 kilomètres dans un pays montagneux et des plus fatigants. Un homme m'était nécessaire pour me guider à travers ce labyrinthe et pour porter mon sac; je le trouvai au hameau, et, à neuf heures, nous partions après un solide déjeuner. La première partie de ma traite eut pour effet de me ramener dans la vallée de la Loire, dont ma visite au lac m'avait éloigné de 2 à 3 kilomètres; je la traversai un peu en amont du village d'Issarlès, sur un pont dont elle a emporté une arche l'hiver dernier. Vous le voyez, mon cher ami, elle fait déjà des siennes dès son début, et prélude à ces coups de maître, fréquents dans la seconde partie de son cours, où on la voit renverser un pont de 300 mètres et détruire la moitié d'une ville. Quelle différence dans la physionomie de ce fleuve à Issarlès, à Arlempdes, ou dans nos provinces de l'Ouest! Là-bas, large rivière s'étalant dans une plate vallée bordée de bas coteaux; ici, torrent impétueux, bondissant dans un lit encombré de rochers ou tombant en cascades étagées dans un ravin de 400 mètres de profondeur, ouvert dans un sol crevassé, au sein d'une nature âpre et sauvage. Croyez-moi, mon cher confrère, quand on traverse la vallée de la Loire à Orléans ou à Gien, on ne se doute guère de ce qu'elle est sur les granites du plateau central ; c'est le paysage le plus mouvementé, le plus émouvant, parfois le plus effrayant que l'on puisse voir ; on y marche d'étonnement en étonnement, et le voyage le plus rempli de surprises et d'émotions à faire au centre de notre pays, consisterait simplement à côtoyer la Loire depuis le Gerbier-des-Joncs jusqu'à l'entrée du fleuve dans les terrains bas de la plaine de Roanne ; dans les dix jours que nécessiterait ce voyage, on trouverait de quoi satisfaire l'alpiniste le plus difficile. Essayez de faire ce voyage, mon cher ami, il vous fera du bien, et vous ne le regretterez pas. De votre part il demandera bien un grand mois, mais, avec de la persévérance, vous en verrez la fin ; vous commencerez par de petites journées de 2 à 3 kilomètres, pas plus ; au bout d'une semaine, vous en ferez 5 ou 6 ; peut-être même, votre poids s'allégeant chaque jour, arriverez-vous à faire 10 kilomètres dans une étape ; quand vous tomberiez au chiffre de 100 kilogrammes, il vous en resterait encore assez.

Sur la rive gauche du fleuve, je retrouvai la région singulièrement vallonnée et montueuse que j'avais rencontrée hier soir sur sa rive droite. La Loire, vous le savez, n'est, à son origine, que le faisceau commun d'une multitude de torrents descendus des Cévennes par autant de gorges ou de ravins ; des croupes plus ou moins élevées séparent ces torrents, qui reçoivent, à leur tour, des affluents séparés aussi par des collines abruptes, parfois assez hautes encore. De cette disposition résulte une complication, une intrication, une confusion de montagnes et de vallées faite pour décontenancer l'alpiniste le plus résolu, s'il est livré à lui-même sur ce terrain ; il faut, de toute nécessité, qu'un homme du pays vous prenne en quelque sorte par la main, et vous guide dans ce dédale de sentiers, où un étranger est incapable de discerner celui qu'il doit prendre. Ne vous attendez pas à trouver des poteaux indicateurs sur ces chemins de montagnes, ici la plupart des routes n'en ont pas.

La contrée que j'ai parcourue aujourd'hui, mon cher confrère, a été sculptée par les eaux au milieu des granites du plateau central. Ce granite est la seule roche que j'aie rencontrée sur mon chemin au commencement de la journée, mais, au bout de quelques heures, je voyais des produits volcaniques s'y mêler en assez forte proportion ;

on approche du Velay, et déjà les vésuves de cette province commencent à se montrer. J'en rencontrai plusieurs sur ma route; mais le plus étonnant d'entre eux, le plus impressionnant même de tous ceux que j'aie vus, soit en Auvergne, soit ici, est le volcan de Lafarre, situé près du village de ce nom. C'est un lieu plein d'horreur et d'effroi; rien ne ressemble davantage à l'amoncellement lugubre de pierres noircies par l'incendie d'un monument gigantesque. Représentez-vous, mon cher ami, dix Louvres incendiés, dont les matériaux, brunis par la fumée, sont entassés en désordre sur les bords de la Seine; c'est l'effet que me produisaient les tronçons de basalte accumulés pêle-mêle en un cône énorme sur les hautes rives de la Loire. Tout est sombre, tout est morne, tout est stérile, dans ce colossal débris, où pas un arbre, pas un buisson, ne trouverait à implanter ses racines; des lichens, seuls, ont pu s'y fixer, et forment l'unique végétation de ce lieu de désolation. Quel infernal tableau, mon cher ami! mais combien saisissant par son horreur même! D'autres cratères couronnent les hauteurs voisines de la Loire, et ont versé leurs laves dans le fleuve; son ravin en est tout encombré depuis Lafarre jusqu'au Puy. Elles y forment des remparts hauts, suivant les localités, de 50 à 400 mètres, et d'un noir profond, entrecoupé par les surfaces plus claires du granite. Ces laves se sont également répandues sur le plateau, et le recouvrent d'îlots noirâtres plus ou moins étendus.

Pendant les cinq heures de marche qu'il m'a fallu faire pour aller du lac d'Issarlès à Arlempdes, j'ai dû escalader bien des chaînons élevés, descendre ensuite dans des vallons profonds. La fraîcheur de quelques-uns d'entre eux, leur belle végétation, l'émeraude de leurs prairies, la limpidité de leurs eaux, sont quelque chose d'admirable, et réalisent au plus haut degré le lieu rêvé du sage pour y élever un ermitage, et vivre loin des intrigants, des faux bonshommes et des méchants.

Une agréable rencontre, que je fis au sortir d'un de ces ravins, me rappela un instant ma vieille Auvergne. J'avais gravi la moitié d'un de ses flancs, et dominais le torrent qui coule tout au fond, quand nous aperçûmes, mon guide et moi, une famille de truites se jouant à la surface d'un gouffre qu'alimentait une cascatelle de quelques mètres. La pensée méchante de troubler leur quiétude nous vint à l'esprit en même temps, et l'un de nous lança une pierre au milieu du gouffre. Les truites, comme il fallait s'y attendre, disparurent dans l'abîme, mais de ses bords s'envola un joli merle d'eau, que nous vîmes, après un vol d'une vingtaine de mètres, plonger dans un autre endroit du torrent.

8

Le cincle est, décidément, un habitant des eaux vives, froides, et des montagnes ; on ne le trouve que là.

Toute cette partie du département de la Haute-Loire m'a paru assez peuplée, eu égard à la nature de son sol, peu fertile, comme l'est généralement le granite. Des villages s'échelonnent de distance en distance, et nous avons traversé ou eu en vue, aujourd'hui, ceux d'Issarlès, Lafarre, Salettes et Vielprat. Dans les campagnes se montrent aussi quelques hameaux, et je fus très frappé de voir qu'auprès de chacun d'eux, soit dans un coin du jardin, soit devant la maison, soit à côté, mais jamais plus loin que 25 ou 30 mètres, s'élevait un groupe de sorbiers des oiseleurs (*Sorbus aucuparia*), en ce moment couverts de larges corymbes de ces baies corail dont l'effet décoratif est bien connu. Mon guide, que j'interrogeai sur les causes de la prédilection dont cet arbre paraît être l'objet dans les Cévennes, m'apprit alors que les paysans cultivent le sorbier pour attirer les grives à portée de leurs maisons. Sont-ils assez ingénieux et chasseurs, ces paysans cévennols ! Représentez-vous, mon cher confrère, la scène suivante : le froid commence à sévir, la neige couvre la montagne, les grives sentent les atteintes du besoin, et leurs bandes affamées, attirées par le fruit rouge des sorbiers, viennent s'abattre sur ces arbres. Le Cévennol, tranquillement assis auprès d'un bon feu, quitte un instant sa bouffarde, entr'ouvre sournoisement la porte ou la fenêtre de sa maison, et, boum..., quatre, cinq, six grives mordent la poussière, c'est-à-dire la neige ; un quart d'heure, une demi-heure après, la même scène se renouvelle, si bien qu'à la fin de la journée les victimes se comptent par douzaines. Vrai, quand je serai tout à fait vieux et hors d'état de marcher longtemps, il n'est pas impossible que j'aille faire connaissance avec ce genre de sport.

A deux heures de l'après-midi, après avoir marché pendant cinq heures, franchi plus de ravins et de collines que je ne puis vous le dire, j'arrivai, les pieds en feu et le corps brisé par la fatigue, au sommet d'une montagne qui domine de 600 mètres Arlempdes et la Loire ; je me sentais sur mes fins, et 2 kilomètres de plus m'auraient achevé. Je m'assis donc sur un tronçon de basalte pour reprendre haleine et contempler tout à mon aise le paysage splendide qui se déroulait à mes pieds ; j'en ai vu de plus étendus, de plus grandioses, mais aucun qui provoque à un plus haut degré la curiosité et l'étonnement. Le ravin de la Loire, profond en cet endroit de 400 à 500 mètres, a été comblé autrefois par les laves descendues des cratères voisins. C'était, comme vous le voyez, une digue puissante et un sérieux barrage ; cependant, avec l'aide de siècles dont il est impossible de supputer le nombre, la Loire s'est creusé, dans cette masse, une tranchée bordée par deux falaises, dont l'une, celle de gauche, porte les ruines d'une des plus hautaines forteresses dont notre pays ait conservé les restes. Des tours massives, que relient des courtines fortement ébréchées, couronnent le rocher d'une enceinte démantelée, mais encore menaçante. Le village se presse au pied de ce vieux donjon, comme pour lui demander protection ; le clocher de l'église n'apparaît que comme une toute petite aiguille auprès de la masse colossale qui le domine. Dans la direction du nord-ouest, on voit fuir la vallée sinueuse de la Loire, avec ses escarpements noircis par le basalte ou les sapins. Ils sont superbes de sauvagerie et de grandeur, ces bords de la Loire, auprès d'Arlempdes, et, en même temps, captivants au dernier point. Je vous le répète, mon cher confrère, venez y faire un tour, vous aurez bien vite partagé mon enthousiasme pour cet admirable site.

Une heure après, appuyé d'un côté sur mon guide, de l'autre sur mon parapluie, je me traînai jusqu'au village, et entrai dans le premier cabaret venu, y réclamant un lit avec plus d'insistance encore qu'un dîner. L'un et l'autre furent bientôt prêts, je mangeai quatre bouchées, puis je me couchai. J'eus encore la force de monter sur mon grabat ; mais, au bout d'un quart d'heure, je sentais mes jambes aussi raides et aussi dures que celles d'un malheureux lièvre tué après quatre heures d'une vigoureuse poursuite. A demain, donc, à vous parler plus amplement du château d'Arlempdes, que je n'ai fait qu'entrevoir de loin aujourd'hui.

Le Brignon, 27 août.

Le château et les falaises d'Arlempdes. — Le rocher de Masclaux. Le château du Goudet. — Rentrée dans le Velay.

C'est à midi seulement, après vingt heures de sommeil ou de repos, que j'ai réussi à me remettre sur mes jambes, et à en obtenir un fonctionnement assez satisfaisant pour songer à continuer ma route. J'ai profité de cette validité relative pour descendre jusqu'à la Loire et étudier de près les hautes falaises et l'énorme tranchée d'Arlempdes. Cette dernière, comme je l'avais évalué à distance hier, peut avoir de 300 à 400 mètres de profondeur, avec une largeur de 50 à 60 mètres, et une longueur de 400 mètres. Les parois en sont à pic, et taillées dans une lave compacte, qui est moins un basalte franc qu'une dolérite, où la disposition prismatique est faiblement accusée. La Loire coule entre ces deux immenses murailles, remplissant la tranchée sur une hauteur de 10 à 15 mètres pendant ses inondations, mais parfois aussi, comme aujourd'hui, réduite à un si mince volume qu'elle ne couvre qu'une partie de cet étroit canal. J'ai donc pu suivre le pied du rocher sur lequel s'élèvent les ruines du château, et arriver à la porte de ce dernier du côté opposé à mon point de départ. Un unique sentier y donne accès, sentier rapide, escarpé, taillé sur le flanc du rocher, et passant sous une série de voûtes et de portes formant autant de postes de combat et de points de résistance, avant celui de la porte principale ; c'est-à-dire que le château d'Arlempdes était imprenable avant l'invention du canon. L'intérieur du château offre en lui-même peu d'intérêt, mais il donne une haute idée de l'importance des anciens possesseurs de ce domaine. Quels hauts et puissants barons, au moyen âge, que ces seigneurs d'Arlempdes, qui possédaient ce fier castel et commandaient au pays environnant! Aujourd'hui encore, il est la propriété du dernier d'Arlempdes, qui a tenu à honneur de conserver un donjon qui attestera, pendant des siècles, l'origine illustre de son nom et l'antique splendeur de sa maison. La famille d'Arlempdes, mon cher ami, une des plus considérables du Velay, s'est alliée aux principales maisons du Vivarais, telles que celles de Mirabel et de Serres, et l'édition de 1804 du *Théâtre d'agriculture* nous apprend qu'au commencement du siècle, le Pradel appartenait au *citoyen Darlempde-Mirabel*, héritier d'Olivier de Serres par les femmes. C'est probablement du comte ou du marquis d'Arlempdes de Mirabel qu'il est ici question ; mais, à la fin du siècle dernier, le représentant de la plus ancienne noblesse devait se résigner à devenir le citoyen X... ou Z... ou marcher à l'échafaud ; c'est la façon dont les fous sanguinaires de l'époque appliquaient à une partie de la nation les principes de la Révolution française.

De retour au cabaret, vers les deux heures, je complétais mon déjeuner par une tasse de café, et, ayant de nouveau « ceint » mon fidèle Azor, je gravissais le versant de la Loire, pour gagner le rocher de Masclaux, que mon Guide-Joanne m'avait signalé comme une des choses curieuses à voir dans ces parages. Ce rocher est accolé au flanc gauche de la vallée, mais le chemin pour y arriver n'est rien moins que facile à trouver. Ne croyez pas, mon cher ami, qu'on puisse, ici, côtoyer la Loire, comme on le fait à partir de Roanne ; des rochers énormes encombrent le lit et les rives du fleuve ; celui-ci présente à chaque instant de brusques changements de niveau, des cascades, des gouffres ; et, le ravin fût-il à sec, qu'il serait impraticable pour tout autre animal qu'un singe ou un écureuil. Il faut, de toute nécessité, suivre, sur les pentes inégales de la vallée, des sentiers compliqués, qui déjouent la sagacité et le sang-froid du touriste le plus intrépide. Mon brave cabaretier d'Arlempdes le comprit, et, avec l'empressement le plus désintéressé, voulut me conduire lui-même jusqu'à la falaise de Masclaux. Il refusa, en effet, tout salaire pour ce nouveau service. C'était de sa part beaucoup d'obligeance et de bonté, car je ne puis croire qu'il se soit trouvé en reste avec moi pour les 4 fr. 50 que je lui laissai, en partant, pour avoir vécu chez lui pendant vingt-quatre heures. C'était, du reste, un type de noblesse et de dignité villageoises, comme j'aime à en voir, que cet homme; ancien brigadier dans un régiment de cavalerie sénégalaise, blessé plusieurs fois dans les expéditions faites pour étendre et protéger nos possessions, pendant la dernière guerre, il était allé, quittant femme et enfants, chercher de nouvelles blessures, qui ne lui ont pas fait défaut, dans les champs de bataille de la Loire; aujourd'hui, retiré au lieu de sa naissance, il continue à y donner l'exemple de l'honneur et du travail. Vous aurez beau m'affirmer, comme vous l'avez déjà fait, que l'état militaire est un triste métier, et le régiment, une pauvre école de moralité, je n'en reste pas moins convaincu qu'un homme qui a porté les armes et défendu son pays vaut mieux qu'un autre, et, à l'occasion, je me découvre devant lui avec respect; aussi est-ce avec satisfaction que, les circonstances m'ayant détourné de la vie militaire, j'ai vu mon fils diriger ses vues de ce côté, et entrer dans l'armée, d'où, je l'espère, il ne sortira plus.

Une heure et un quart d'une marche laborieuse sur un sol hérissé d'obstacles nous amena auprès du rocher remarquable que j'allais voir; il se dresse tout en haut du versant de la Loire, tournant vers le fleuve une longue colonnade d'une centaine de mètres d'élévation, qui figure assez bien la façade latérale d'un temple de la Grèce. De distance en distance, cette façade est creusée d'ouvertures, qui semblent autant de portes faites pour pénétrer dans le temple. Le rocher de Masclaux, situé à peu de distance du hameau de ce nom, est tout ce qui reste d'une grande coulée basaltique sortie d'un des nombreux cratères disséminés sur le plateau contigu à la vallée. La structure columnaire de la roche tient à sa nature plus franchement basaltique que celle des falaises d'Arlempdes. Elle a été bien mise en évidence par des érosions, qui ont emporté la plus grande partie des laves, ne laissant subsister d'autre témoin de leur masse primitive que l'épaisse couche dont j'admirais aujourd'hui la coupe d'un effet architectural si curieux.

De l'endroit où je m'étais placé pour bien voir la falaise de Masclaux, j'avais à mes pieds, et tout aussi distinct, le château du Goudet, vieux donjon ruiné, comme celui d'Arlempdes, et perché sur un mamelon conique qu'on voit s'élever au milieu de la vallée. Sur les flancs de ce rocher se dessinent les lacets du chemin donnant accès à la poterne du château. L'effet que produit cette ruine, fièrement assise sur son rocher, au sein d'une région montagneuse et de la noire végétation des sapins, est des plus pittoresques ; il évoque ces légendes du moyen âge, retracées d'une façon si palpitante par le chanoine Schmidt, dont les contes ont charmé notre enfance.

Si j'avais tenu, mon cher ami, à ne pas quitter la portion la plus bouleversée et la plus chaotique du pays, ma conduite était toute tracée, je devais m'attacher à la vallée de la Loire, et en suivre les sinuosités jusqu'auprès du Puy ; j'aurais trouvé, dans ce trajet, à satisfaire amplement mon amour du pittoresque. Mais si les rochers, les ravins, les déchirements variés du sol, sont de belles et curieuses choses, ils ne sont pas les seules choses intéressantes qu'il y ait à voir dans le Velay ; les eaux n'ont pas pour moi moins d'attrait, et, précisément, je savais devoir trouver par ici le lac du Bouchet et la cascade de la Beaume, à peu de distance de la Loire, dans la direction de l'ouest. C'est cette dernière, comme étant plus rapprochée, que je me décidai à aller voir d'abord ; elle est située près du Brignon, et, comme ce village n'est pas à moins de 15 kilomètres du Goudet, je n'avais pas de temps à perdre, si je voulais y arriver avant la nuit. A quatre heures, je pris donc congé de l'ex-chasseur sénégalais, après avoir reçu de sa bouche les renseignements nécessaires pour arriver ce soir au Brignon. J'accueillis avec une satisfaction toute spéciale l'assurance que, parvenu sur le plateau qui domine la Loire, j'y trouverais une plaine où la marche se soutient sans efforts. On a beau être bon marcheur, mon cher ami, après une journée comme celle d'hier, et après ma promenade au Goudet, on ne se sent pas en disposition d'escalader des montagnes. Confiant donc dans cette assurance, je dis adieu à la Loire, et m'élevai sur le plateau, qui m'apparut, en effet, comme une immense plaine, assez monotone, et relevée, de ci, de là, de mamelons, vestiges d'anciens cônes volcaniques, émoussés peu à peu par les pluies et par la culture. Cette plaine n'offre que de légères ondulations, et j'avançais assez vite vers le village de Fleurac, qu'il me fallait traverser pour me rendre au Brignon. Tout allait bien, et je me félicitais d'être enfin rentré dans un pays si propice à un voyageur exténué, lorsqu'au sortir du hameau de la Bernande, je me trouvai tout à coup sur le bord d'un ravin profond de 150 mètres, dont rien, à distance, ne m'avait fait soupçonner l'existence. Cette tranchée me contrariait fort; mais il fallait en prendre mon parti et traverser ce fossé, sinon passer la nuit au hameau. Je m'armai de courage, et, au bout d'une heure, je tournais le dos au perfide ravin, qui, cinq minutes après, se dissimulait entièrement dans la décevante uniformité du terrain.

J'avais retrouvé un peu d'entrain et marchais avec aisance, quand, vingt minutes après avoir dépassé Fleurac, je tombe sur un nouveau fossé, profond de 200 mètres, celui-là, et tout aussi invisible que le précédent jusqu'au moment où j'arrive sur son bord; c'était le ravin du ruisseau des Ceyssoux, petit affluent de la Loire. Pour le coup, mes jambes trouvèrent la plaisanterie mauvaise, et refusèrent absolument le service. Pour en obtenir un peu de bonne volonté, il fallut préalablement leur accorder une demi-heure de repos. J'étais surpris que le cabaretier d'Arlempdes ne m'eût rien dit de ces deux ravins; mais peut-être qu'une descente et une montée de 200 mètres ne comptent pas pour ces braves gens, qui ont à faire le double pour sortir de leur vallée ou pour y rentrer. L'existence de ces ravins si bien encaissés, si bien dissimulés, est, pour le dire en passant, un des traits caractéristiques du Velay. Leurs versants sont si rocailleux, si rapides, que les arbres ne peuvent pousser dans les parties supérieures, et, d'un autre côté, le ravin est si profond, que la végétation qui en occupe le fond ne peut émerger au-dessus des rives, et les jalonner en quelque sorte; rien, à une distance de 100 mètres, ne fait donc pressentir ces crevasses singulières, qu'on reconnaît seulement quand on va y tomber.

A sept heures et demie du soir, j'avais à grand'peine franchi ce nouvel obstacle, et repris ma route à travers la vaste plaine, m'avouant avec inquiétude qu'un troisième fossé m'arrêterait pour tout de bon. Heureusement, cette troisième épreuve me fut épargnée, et à neuf heures j'arrivais au Brignon. Le plateau dont j'ai parcouru, ce soir, la bordure orientale, mon cher confrère, est le commencement du Velay, région comprise entre la Loire et l'Allier, et sur laquelle je reviendrai demain, quand je l'aurai plus amplement étudiée.

Cayres, 28 août.

La cascade de la Beaume. — Le plateau du Velay.

Ce matin, à mon réveil, je me suis empressé de faire ce que la nuit
m'avait empêché d'effectuer hier soir, c'est-à-dire d'aller voir la cascade de la Beaume ; je la trouvai à 2 kilomètres au nord du village,
dans une gorge ouverte au milieu des laves. Il en est ainsi partout dans
le Velay, où les volcans surgissent du sol à chaque pas, et ont recouvert
le granite d'un épais manteau basaltique. C'est au sein de ces roches
que la Beaume a peu à peu creusé son ravin, que traverse, près du
Brignon, une falaise d'une centaine de pieds, du haut de laquelle la
rivière se précipite en une magnifique cascade. La Beaume est amenée
jusqu'à sa chute par un canal taillé dans le roc et large d'une quin-
zaine de mètres. Elle se déverse surtout par deux cataractes qui suivent les bords du canal, et à peu près d'égale force. La cataracte de
droite tombe d'un seul jet jusqu'au pied du rocher ; celle de gauche
rencontre à mi-chemin une vasque naturelle, qu'elle remplit, pour, de
là, se diriger, par des rigoles, sur le versant de la vallée et servir à l'ir-
rigation des prairies. Entre ces deux chutes maîtresses, quatre ou cinq
cascatelles, se partageant le milieu du canal, viennent se briser sur un
gros rocher appuyé contre le pied de la falaise, et dont la surface est incessamment recouverte par un réseau de vif-argent, dû aux mille ruisselets circulant entre les aspérités du roc. Si j'ajoute à cet aperçu que
l'eau de la Beaume est, en tous temps, rendue fort copieuse par de
fortes sources situées tout auprès ; qu'elle est d'une limpidité parfaite ;
qu'un paysage sévère, formé, d'un côté de la vallée, par des basaltes co-
lumnaires, du côté opposé, par un bois de grands pins, encadre la cascade, vous arriverez peut-être à vous faire une idée d'un site vraiment
digne d'admiration et assez souvent admiré, car il n'est qu'à 4 ou
5 lieues du Puy, et des chemins praticables en facilitent l'accès.
J'apprends effectivement, au village, que les touristes de passage dans
le Velay mettent un certain empressement à visiter cette belle chose.
La cascade de la Beaume, mon cher confrère, n'a pas sans doute le
cadre majestueux du Ray-Pic ; mais, comme effet de chute, elle lui est
supérieure. Comme opposition de couleurs, pureté des eaux, heureuse
répartition de leur mobile cristal sur les noirs rochers de la falaise, elle
ne laisse rien à désirer, et, à ces divers points de vue, l'imagination du

paysagiste le plus inventif ne saura jamais rien combiner d'aussi parfait; tant il y a loin des plus brillantes inspirations du génie humain à la moindre des œuvres de l'Éternel et du Suprème Artiste! « O hommes, si fiers de votre intelligence et si vains, sauriez-vous... » Mais pardon, mon cher confrère, j'allais, je crois, m'emballer encore une fois; oubliez ces emportements d'un cerveau déréglé, qui vous prouvent trop clairement, hélas! à quel point est restée vivace, chez votre vieux confrère, la puissance de l'idée fausse. Je mets donc une sourdine à ma rhétorique, et reprends sur un diapason moins élevé. Que n'avons-nous, mon cher ami, la cascade de la Beaume avec ses noirs rochers, ses vertes prairies, sa forêt de sapins et ses basaltes, aux portes de la capitale! En serions-nous assez fiers! En parlerait-on assez dans les guides qui s'impriment dans toutes les langues! Ne serait-ce pas là une des grandes *attractions* de Paris? Mais non, Dieu, qui a donné la richesse aux terrains sédimentaires, leur a refusé presque partout la beauté pittoresque, et celle-ci, il faut la demander aux sols granitiques ou volcaniques; voilà pourquoi les chutes d'eau remarquables de notre pays se concentrent dans les Cévennes et dans l'Auvergne, et que le Berri, la Touraine et l'Île-de-France n'en possèdent aucune.

J'étais de retour au Brignon vers les dix heures, et traversais la place du village, occupée à cette heure par des groupes de femmes et de jeunes filles, causant gaiement tout en fabriquant de la dentelle. Les cloches de l'église s'étant fait entendre à ce moment, toutes ces femmes, qui comprirent la signification de cette sonnerie, se mirent à réciter des prières, qui durèrent environ cinq minutes. Par ce temps d'irréligion officielle, certains hommes riront de cette foi naïve, qui, plusieurs fois par jour, porte d'obscures villageoises à interrompre un instant leur travail pour s'élever par la pensée vers l'Être Suprème, et cela, simplement, sans que la présence d'un étranger puisse le moins du monde les distraire d'un acte qui leur semble un devoir tout naturel; je déclare, moi, admirer sincèrement cette religion simple, mais vraie, car elle a son retentissement dans les mœurs. L'immoralité, m'assurait mon guide de la soirée, est inconnue au Brignon; cette commune n'enregistre pas une naissance illégitime en dix ans, et, quand ce cas se produit, il est presque toujours le fait d'un étranger : honnête population du Brignon, Dieu veuille qu'elle conserve longtemps cette pureté de mœurs antique, dont les exemples sont rares ailleurs!

Les ressources alimentaires de mon cabaret n'ont pas grossi depuis vingt-quatre heures; j'avais soupé hier avec deux œufs frais et une sardine; aujourd'hui, je trouvai pour tout potage, au déjeuner, une sardine et deux œufs frais, et cette maigre pitance dut me suffire, car je n'aurais pu l'augmenter que d'un mauvais fromage aigre, dont mon estomac ne s'accommode aucunement. Lesté de la sorte, je partais, à midi, sous la conduite de mon cabaretier, M. Gabriel, pour aller, à 12 kilomètres du Brignon, gagner le village de Cayres, où je compte passer la nuit, avant d'aller voir le lac du Bouchet, qui n'en est pas loin. C'est donc un tout petit trajet que celui d'aujourd'hui et pas fatigant, car nous n'avions à marcher qu'en plaine. Vous le voyez, mon cher ami, je me ménage et n'avance plus qu'à petites journées ; les grosses étapes sont maintenant trop dures pour mes vieilles jambes. Naturellement, M. Gabriel portait mon sac. Relativement à ce dernier, expliquez-moi donc un singulier phénomène qui m'embarrasse fort, je vous l'avoue. Tous les ans, j'ai soin d'alléger Azor de quelque objet d'une utilité secondaire, et tous les ans aussi ce maudit Azor me paraît plus lourd. Pour me vexer, vous êtes bien capable d'insinuer que, tous les ans, j'ai une année de plus sur la tête, en d'autres termes, que je vieillis, et que, par une raison facile à saisir, j'ai les jambes moins fortes et trouve mon sac plus pesant. Je soutiens qu'il n'en est rien, que jamais je n'ai été plus jeune, plus vigoureux, que votre explication est insensée ; je vous le répète, il y a là quelque chose de particulier dont la cause m'échappe ; nous en reparlerons à mon retour, si vous le voulez bien.

Le trajet du Brignon à Cayres me fit donc traverser une partie du Velay, et me mit à même d'en bien saisir le caractère. C'est, par excellence, la région volcanique du centre de la France ; on n'y compte pas moins de trois cents à quatre cents volcans éteints ; pas une butte, pas un monticule, dans ce pays, qui ne soit un ancien volcan, facilement reconnaissable, dès l'abord, à la couleur et à la nature des matières qui forment cette élévation du sol. Sur quelques points, ces vésuves sont si rapprochés que leurs bases se confondent. Leurs cendres, leurs laves, leurs scories, ont comblé, nivelé, les inégalités du sol primitif, formant partout une couche de matières éruptives dont il est impossible de mesurer l'épaisseur. Le sol arable est uniquement formé de ces matières désagrégées, qui, suivant les localités, sont noires, brunes, jaunes ou du plus beau rouge d'ocre. Si on le creuse de quelques mètres, on arrive aux laves solides et prismatiques, et l'on peut dire sans exagération que, dans le Velay, il n'est pas un champ d'orge ou de pommes de terre qui ne repose sur une colonnade de temple antique. Le Velay, ainsi constitué géologiquement, apparaît à l'œil comme une vaste plaine ou un plateau, de 1 100 mètres d'altitude moyenne, à la surface duquel se dessinent les reliefs plus ou moins pressés de ses anciens volcans. Ceux-ci ont, en général, la forme de dômes ou de cloches, portant à leur sommet une dépression cratériforme presque toujours ébréchée d'un côté. Leur hauteur au-dessus du plateau est de 100 à 200 mètres, et leur diamètre, à la base, varie de 500 à 1 000 mètres. Ces dômes, pour la plupart, sont le produit d'une seule éruption; il n'est pas impossible cependant que, dans quelques-uns d'entre eux, l'activité volcanique se soit manifestée deux fois à un assez long intervalle ; c'est ce qu'on doit inférer de la présence d'un cône adventif dans un cratère plus ancien et en partie démoli.

Ma promenade d'aujourd'hui s'est donc effectuée en entier sur les laves et sur les produits de leur décomposition ; impossible de mettre le pied sur autre chose. Ne croyez pas, au moins, que ces matières fassent un mauvais sol, vous seriez dans l'erreur : ces cendres, ces pouzzolanes, soumises depuis des milliers de siècles à l'influence des agents atmosphériques, remuées par le travail de l'homme, fertilisées par des engrais, forment une admirable terre végétale, dont on obtient tous les produits que comporte le climat, nécessairement très froid, de cette région élevée. Grains, fourrages, racines, y viennent à merveille, et le Velay est un pays agricole fort remarquable. Les exploitations y sont vastes et bien conduites, c'est un pays de grande culture ; des propriétaires riches et éclairés y cultivent de grandes étendues de terrain, avec le secours d'instruments perfectionnés, tels qu'on en rencontre dans les plus belles fermes de la Brie. La production en grains, surtout en orge, est quelque chose d'énorme, et mon guide, M. Gabriel, m'affirme que, sans les orges de son pays, nous ne boirions pas de bière à Paris. Je crois ce jugement empreint d'une légère exagération ; mais, en voyant à quel point les gerbes de cette céréale se pressaient sur quelques champs, je devais bien admettre, pour ces terres, un rendement tel, que nulle part ailleurs peut-être on n'en trouverait de plus élevé.

Vers midi, après avoir traversé la route de Langogne au Puy, nous prenions un chemin vicinal excellent, qui conduit à Cayres. Sur la droite de ce village s'étend, de l'est à l'ouest, la grande montagne de Séneujols, faisant suite à un massif plus élevé encore, centre d'éruptions volcaniques dont les produits ont sans doute donné naissance à la montagne. Celle-ci, sur son versant nord, est couverte d'une forêt de pins et de hêtres, retraite préférée des loups, qui vivent sur les troupeaux du voisinage, et vivent fort bien, je vous assure, car ces troupeaux sont nombreux, et les bêtes en sont grasses. Tout va bien pour messieurs les loups pendant l'été ; mais, quand arrive la Toussaint, que foins et betteraves sont rentrés, que les grains nouveaux sont en terre, que le cultivateur, enfin, a des loisirs, M. Dumas, richissime propriétaire et grand chasseur devant l'Éternel, met sa meute en haleine, convoque les tireurs du pays, et tout ce monde emploie agréablement son hiver à chasser et à fusiller les loups. Ces réunions sont fort gaies et, au point de vue de la destruction des carnassiers, passablement fructueuses. Qu'ils sont heureux, ces chasseurs-cultivateurs du Velay ! Voilà pourtant, mon cher confrère, l'existence que j'avais rêvée, celle qui répondait le mieux à mes instincts et à mes goûts ; combien est différente celle que les circonstances m'ont imposée ! Cependant, je ne me plains pas, car notre profession a du bon : soigner la plus belle moitié du genre humain, et seulement dans sa jeunesse, n'est pas un de ses moindres avantages. Vous le savez aussi bien que moi, mon cher ami, pour mériter nos soins, il faut être femme et, de plus, être jeune ; passé un certain âge chez les personnes du sexe gracieux, nous devenons pour elles des médecins inutiles. C'est bien à considérer, cet avantage, et je n'affirmerais pas que M. Dumas lui-même ne fût disposé à me céder sa meute et ses loups pour prendre ma place auprès des dames : *Quis suâ sorte contentus est?* m'enseignait autrefois ma grammaire latine de Lhomond, d'après Horace.

Après trois heures de marche nous abordions le village de Cayres, village riche, situé à 1136 mètres d'altitude et dominant toute la partie nord du Velay. Dans cette direction, le paysage est fort étendu et présente tous les dômes, pics, sommets divers des environs du Puy, au-dessus desquels se détache le Mézenc, point culminant des Cévennes ; le tout compris dans un rayon de 10 à 12 lieues, et par conséquent bien distinct par un beau temps comme celui dont le ciel me favorise depuis mon départ de Paris. Je constate en passant, mon cher confrère, que le mois d'août est le plus éminemment propre aux courses en montagnes ; la chaleur du jour dissout facilement l'eau atmosphérique, et prévient la formation de ces brumes désagréables, qui causent tant de déceptions aux touristes à une autre époque de l'année.

A quatre heures, M. Gabriel retournait au Brignon, me laissant faire, de mon nouveau gîte, une épreuve qui ne lui sera pas, je crois, par trop défavorable.

Le lac du Bouchet. — Les volcans stratifiés du Velay. L'arrivée au Puy par le sud.

Ce matin, à huit heures, après une bonne nuit passée à *Cayres*, j'arrivais au lac du Bouchet, nappe d'eau bien ronde, de 4 500 mètres de circonférence et de 90 hectares de superficie. Elle occupe le fond d'une coupe très régulière, dont les bords, couverts de jeunes bois, s'élèvent de 100 à 150 mètres au-dessus de l'eau, et dessinent une crête annulaire, sur laquelle on peut faire le tour entier du lac. Comme on le domine d'assez haut, le coup d'œil est des plus beaux, et la vue de ce miroir paisible, encadré par son cercle boisé, valait bien, je vous l'affirme, le détour que j'ai fait pour arriver jusqu'à lui. Les lacs sont rares dans les Cévennes, et celui-ci est certainement le plus curieux. Il me paraît occuper réellement le cratère d'un volcan ; je n'en puis douter même quand je considère qu'il occupe l'intérieur d'un des nombreux cônes de la région, que son altitude (1208 mètres) est supérieure à celle de la plaine environnante, que les roches de son enceinte sont d'origine exclusivement volcanique, que sa faible profondeur enfin (28 mètres) indique plutôt un vrai cratère qu'un *maare*, dont la profondeur est, en général, considérable (96 mètres au Pavin, 225 mètres au lac d'Issarlès). Comme ce lac est plus élevé que le pays qui l'entoure, il n'est pas supposable qu'il soit alimenté par des sources, et je ne puis y voir que le produit des eaux pluviales tombant sur une enceinte de 2 à 3 kilomètres de diamètre et retenues par la nature particulièrement compacte des laves qui forment la cuvette. De tous les lacs que j'ai visités jusqu'ici, c'est le seul qui soit dans ce cas ; les autres, je vous l'ai dit, sont des cratères d'explosion et n'ont jamais, d'une façon durable, livré passage à une gerbe d'artifices ou à des laves. Le versant intérieur de la coupe du Bouchet a été boisé, il y a quinze ans, par les soins de l'administration forestière, et, là, les plantations ont réussi à merveille. Une bordure d'aunes et de bouleaux encadre immédiatement le lac ; sur les pentes on a semé différentes espèces de conifères : épicéa, mélèze, pin sylvestre, cembro, mugho, pin à crochet, et le tout vient à souhait. Ces arbres ont aujourd'hui 8 à 10 mètres de hauteur, et ne gênent pas encore la vue des eaux ; mais, quand leurs flèches auront dépassé les bords de la coupe, elles masqueront la nappe liquide, qu'on apercevra seulement de quelques rochers étagés sur la crête. Comme votre grosse personne sera bien incapable de gravir ces rochers, je ne puis qu'insister, mon cher confrère, pour que vous veniez visiter le lac du Bouchet pendant qu'il est encore possible de le bien voir du chemin de ronde tracé sur son enceinte.

Ce lac, nous dit A. Joanne, nourrit une seule espèce de poissons, très petite et vivant sur ses bords. S'il en a été ainsi autrefois, il n'en est plus de même maintenant ; un financier du Puy, adjudicataire de la pêche et de la chasse du lac, en tire brochets, perches, truites, d'une belle grosseur et en grand nombre. Ce fermier d'ailleurs est tenu par le cahier des charges d'entretenir le lac suffisamment pourvu de poisson, et, en conséquence, a fait installer, dans un pavillon, des appareils de pisciculture, où sont élevées les jeunes truites chargées du repeuplement des eaux. L'absence des agents m'a privé de visiter cet établissement, et c'est heureux pour vous, je ne vous aurais fait grâce d'aucun détail relatif à cette ichthyogénie artificielle.

Je ne consacrai pas moins d'une heure, mon cher ami, à me repaître les yeux de la vue de ce site, beau par la volonté de la nature et par le travail de l'homme, à supputer les jouissances annuelles de l'heureux locataire de la chasse et de la pêche du lac du Bouchet ; puis, satisfait du résultat de ma promenade, je repris le chemin de Cayres, où j'arrivai à midi pour déjeuner. A une heure, j'étais de nouveau en route et, après deux heures de marche, je regagnais, près du hameau de Bizac, la route de Langogne, sur laquelle j'avais encore à faire une dizaine de kilomètres avant d'arriver au Puy. C'est ainsi que, dans la soirée, votre vieux confrère s'acheminait lentement vers cette ville, qu'il devait atteindre à sept heures du soir. Je l'abordais par le sud, c'est-à dire par le côté le plus favorable à une vue d'ensemble du bassin au fond duquel s'élève la cité, dans une position unique en France. Pendant les derniers kilomètres la route se déroule sur un haut plateau, d'où l'on embrasse aisément les différents sommets qui accidentent la partie nord du Velay. Parmi ces montagnes, la haute cime du Mézenc attire surtout les regards par l'importance de son relief ; le cône dépouillé du Gerbier se dessine nettement aussi sur la crête inégale des Cévennes. Sans être parfaitement clair, le temps était beau, et les nuages assez élevés pour laisser à découvert tous ces sommets. Sur ma droite, la Loire accusait ses capricieux méandres par le contour sinueux des falaises qui bordent son canal. Tout cela est d'un très grand effet, mon cher ami, et ma préoccupation, pour l'instant, était que la brièveté du trajet ne m'enlevât trop tôt la vue de cet admirable panorama. Je sais bien que rien ne m'empêchait de m'asseoir au bord de la route et de regarder jusqu'à ce que j'en eusse assez; je pouvais même coucher là, si bon me semblait, je sais maintenant comment user des fossés d'une route pour dormir; mais la difficulté eût été de trouver un souper, M. Gabriel n'ayant pas reçu l'ordre de m'apporter dans cet endroit mes deux œufs et ma sardine.

Après une heure d'admiration rêveuse, je me remis en marche vers le Puy, mais non sans être allé d'abord inspecter un beau cône volcanique, situé près de la route, et dont on exploite les pouzzolanes pour les constructions du pays. Cette extraction, commencée depuis plus d'un siècle, a opéré, dans le flanc du volcan, une coupe magnifique, qui semble faite exprès pour faciliter aux géologues l'étude des volcans quaternaires du Velay. Les lits obliques de cendres et de lapilli apparaissent, sur cette coupe, avec une admirable netteté et donnent une idée parfaite de la manière dont s'est élevé le cône. On y reconnaît avec la dernière évidence que la lave fluide, pulvérisée par la force expansive des gaz, a été projetée en l'air avec violence, pour retomber autour de l'ouverture en une pluie de cendres et de fragments scoriacés, et former de la sorte une première assise que des éjections répétées de matériaux semblables ont épaissie peu à peu. La grosseur, la forme et la couleur variables des parcelles dont se compose chaque lit, dénotent, dans l'action volcanique, autant d'efforts successifs ou de poussées dont le résultat final a été l'édification d'un cône de matières meubles, offrant le type de ce qu'en géologie on nomme un *volcan stratifié*. Celui que j'avais sous les yeux était admirablement caractérisé, et je ne pouvais faire une meilleure séance de géologie pratique.

Si la structure intérieure et le mode de formation des volcans stratifiés sont bien connus, mon cher confrère, il n'en est pas de même de la cause prochaine des éruptions volcaniques, et, ce soir, assis sur une brouette, en face de l'ancien volcan de la Baraque, je ne pouvais m'empêcher de déplorer que, malgré toute notre science, nous autres géologues en soyons réduits à de simples conjectures sur la genèse de cet effrayant phénomène. Cet aveu d'ignorance va vous surprendre, mon cher ami, car la cause première d'une éruption ne vous semble pas difficile à pénétrer. « Parbleu, me direz-vous, vous êtes embarrassés pour bien peu de chose, vous autres géologues, et l'explication que vous cherchez est depuis longtemps trouvée; une éruption volcanique, c'est tout simplement une émanation du feu central, qui s'est ouvert une issue à

travers l'enveloppe solide du globe, et vient apparaître à sa surface. »
Pas si simple que cela, mon cher confrère, et des hommes autrement
forts que vous et moi y ont épuisé en vain leur science et leur sagacité.
Laissez-moi vous dire quelques mots des différentes théories qui ont
régné sur ce point de géologie, le sujet en vaut la peine, et votre amitié
me fera bien la charité d'un moment d'attention ; je serai bref d'ailleurs.
Je vous citerai seulement pour mémoire l'opinion qui rattachait les
éruptions volcaniques à des houillères embrasées ; Dolomieu l'a ruinée
d'un coup en faisant remarquer que nos volcans français se sont ouverts
à travers le massif granitique, et que la houille, produit des terrains
sédimentaires, n'existe jamais sous les granites. Au commencement du
siècle, Cordier avait proposé la théorie mécanique suivante, d'abord
acceptée avec faveur : « La croûte terrestre, disait-il, contractée par le
refroidissement progressif du globe, comprime le noyau fluide et
brûlant qu'elle enveloppe, et en chasse une portion, qui s'échappe par
les fentes du sol. » C'est, comme vous le voyez, la doctrine que vous
paraissiez disposé à soutenir tout à l'heure. Cette théorie si simple n'a
pu, cependant, résister à une discussion sérieuse, et l'observation la
condamne. Elle n'explique ni la situation des volcans au voisinage des
mers, ni la prodigieuse quantité de vapeur d'eau qui s'en échappe et
qui, d'après une évaluation approximative de Fouquet, ne représentait
pas moins de deux millions de mètres cubes d'eau liquide dans une
seule éruption de l'Etna, en 1865. L'eau, en effet, mon cher ami, joue un
rôle capital dans les phénomènes volcaniques ; elle en est l'agent
initial et primordial, et, sans elle, pas d'éruptions. Où trouvons-nous
des volcans actifs aujourd'hui ? Dans les îles, au bord des continents,
c'est-à-dire au voisinage des mers, et, si nous voyons des cônes volcaniques à l'intérieur des terres, comme en Auvergne, en Velay, en Vivarais, ce sont des volcans éteints depuis des siècles ; soyez convaincu
qu'à l'époque de leur activité, des masses d'eau considérables existaient
près d'eux, et servaient à les alimenter. Des mers intérieures, de grands
lacs, comme ceux de la Limagne ou du Puy, des amas de neige sur nos
montagnes, à l'époque glaciaire, fournissaient l'eau qui leur a donné
naissance. Ainsi donc l'eau est l'agent essentiel, indispensable, des
éruptions. Mais par quel mécanisme cette eau parvient-elle dans les
profondeurs de la terre ? Là, encore, tout est obscurité dans la science.
Ce n'est pourtant pas par des crevasses, car, suivant la remarque de
Gay-Lussac, la vaporisation des premières couches liquides aurait pour
effet de refouler au dehors la colonne sus-jacente ; ce serait donc plutôt

par l'imbibition du soubassement granitique, comme tend à le prouver une importante expérience de Daubrée.

Le mode de pénétration des eaux à travers les couches terrestres étant connu, on se demande par quelle bizarre contradiction cette eau, qui, sur terre, éteint le feu, a justement pour effet d'allumer un incendie dans les profondeurs du sol. Ici, mon cher ami, se place la théorie chimique de Davy, celle des oxydations violentes, avec dégagement énergique de calorique et de lumière. Davy suppose que le sphéroïde terrestre renferme des métaux alcalins, potassium, sodium, magnésium, calcium, doués, comme vous le savez, d'une prodigieuse affinité pour l'oxygène, et encore inoxydés ; l'eau des mers, des pluies, leur apporterait l'élément comburant, et l'oxydation subite de ces métaux produirait l'ignition des laves et le feu des volcans, comme on voit, dans les cours de chimie, un morceau de potassium s'enflammer au contact de l'eau. Gay-Lussac adopta cette théorie, qui compte des partisans, et représente, à l'heure actuelle, une des deux opinions en présence pour expliquer la production des volcans.

Pour ne pas étendre outre mesure un historique qui, dans un sujet aussi spécial, ne manquerait pas d'être fastidieux à la longue, j'arrive de suite à l'hypothèse qui, sur ce point de la question, rallie le plus grand nombre des hommes de science. Cette hypothèse est la suivante : l'eau des mers s'infiltre peu à peu à travers les roches du fond ; elle imprègne même, malgré leur imperméabilité apparente, les couches granitiques sous-jacentes, et arrive au contact de matières trop chaudes pour ne pas être à l'état de fusio... Le premier effet de cette haute température est de vaporiser l'eau marine, de décomposer les sels qu'elle renferme, d'en dégager l'acide chlorhydrique, l'acide carbonique, l'hydrogène sulfuré, etc., c'est-à-dire de créer des gaz, dont la tension s'accroît jusqu'au moment où leur force d'expansion est assez puissante pour soulever un point de l'écorce terrestre, et y ouvrir un conduit vertical, une cheminée, par laquelle s'échappent d'abord les gaz divers, mélangés à des parcelles de laves, et enfin les laves fluides elles-mêmes, boursouflées et entraînées par les vapeurs qui les imprègnent. Vous sentez bien, mon cher ami, que l'explosion d'une mine aussi formidable ne se produira pas sans être précédée et accompagnée de bruits souterrains, d'ébranlements violents du sol, phénomènes effrayants qui ne cesseront qu'au moment où la totalité des matières liquides ou gazeuses, dont la réaction contre l'écorce terrestre causait tout ce désordre, auront enfin trouvé vers le dehors un écoulement suffisant. N'est-ce pas, en effet, de cette manière que nous voyons les choses se passer dans une éruption de l'Etna ou du Vésuve ?

Encore une fois pardon, mon cher ami, pour m'être arrêté aussi longtemps sur un sujet qui, probablement, vous intéresse peu. Je le sais, j'abuse de votre patience, mais les traces du vulcanisme qui a ravagé autrefois notre sol sont ici partout présentes, et, à la veille de quitter pour toujours la région de nos volcans, je n'ai pu résister au besoin de me livrer à une petite dissertation sur les causes qui lui ont imprimé sa physionomie à la fois si originale et si curieuse; je ne le ferai plus, je vous le promets.

J'avais à peine quitté ce monument d'une époque géologique bien lointaine, que je me trouvai tout à coup placé en face du bassin et de la ville du Puy. Je vous l'ai dit, d'aucun côté cette ville ne se présente plus avantageusement pour donner au voyageur l'impression saisissante de son étrange position. Du côté de Langogne, l'entonnoir dont elle occupe le fond offre une large brèche dont le sol s'élève par une pente relativement douce vers les hauts plateaux du sud. Par cette tranchée, l'œil plonge vers la cité, bâtie en amphithéâtre sur les flancs d'une énorme masse basaltique, que couronnent le rocher Corneille et la cathédrale du Puy. Tout converge vers ce monument, étonnant de hardiesse, et la ville, vue de loin, apparaît comme un cône de rouges habitations surmonté par l'église et par le rocher. On distingue bien aussi la statue colossale de Notre-Dame de France ; cependant la masse du piédestal est telle que, malgré ses dimensions considérables, l'effet produit par cette statue reste fort au-dessous de ce qu'on en avait espéré.

A sept heures du soir, après avoir descendu une rampe de 3 kilomètres, j'entrais dans la ville, et allais droit à l'hôtel de *l'Europe*, un des meilleurs du Puy, me dédommager des privations endurées depuis quinze jours dans les cabarets des montagnes ; chose incroyable et pourtant vraie, on m'y reçut sans la moindre difficulté.

Saint-Étienne (Loire), 30 août.

**La ville et les environs du Puy. — Les zircons
et les saphirs d'Espaly. — Les gorges de la Loire entre le Puy et Firminy.
Saint-Étienne. — Retour à Paris. — Conclusions.**

Le Puy, chef-lieu du département de la Haute-Loire, est plus beau et plus curieux, vu de loin que de près; sauf quelques belles voies, les rues y sont étroites, sombres, tortueuses, et les maisons dépourvues d'élégance et de confort ; c'est une ville de troisième ordre seulement, on y compte tout au plus 20 000 habitants. Ce serait, somme toute, une cité assez triste, si l'on n'y voyait quelques monuments de mérite, tels que sa cathédrale, église romane fort remarquable par la pureté de son style, au dire des connaisseurs, le palais de justice, l'hôtel de la préfec_ ture, tous deux de construction moderne, ainsi que le musée ; on remarque aussi, sur la place principale, une fontaine monumentale représentant la France républicaine, ou plus simplement la France.

Devant partir au milieu du jour, j'ai employé la matinée à visiter les environs du Puy, et, pour ménager mes jambes, j'envoyai chercher une voiture chez un loueur du voisinage. Pendant qu'on l'apprêtait, j'allai me promener un instant près du musée, création récente due aux libéralités du sculpteur Crozatier, enfant du Puy. La ville en est fière à juste titre, car, à l'inverse des gloires guerrières, qui s'achètent par des sacrifices cruels, l'illustration de cet homme de bien n'est mélangée d'aucune arrière-pensée douloureuse. Heureusement pour notre pays, les illustrations du même ordre n'y sont pas rares, et, pour ne citer que celles qui datent d'un siècle, Jacquart, Oberkampf, Richard-Lenoir, Dombasle, Bréguet, Crozatier, etc., ont tenu haut le drapeau des arts et de l'industrie française. Honneur à eux, car leur nom n'évoque que de bons souvenirs ; leurs travaux, tout pacifiques, ont contribué au bien-être de l'humanité, et aucune ombre sanglante, aucun deuil ne vient obscurcir leur gloire. Un jardin de peu d'étendue, mais bien dessiné, sépare la préfecture et le musée, et, par une pensée pleine d'à-propos, le bassin de ce parc a été orné d'un rocher artificiel en prismes basaltiques, qui rappelle bien la nature volcanique du Velay, et le fait naturel auquel cette province doit son caractère et son principal intérêt.

Au retour de cette promenade, je traversai une seconde fois la place du Breuil, où les réservistes de cette année se trouvaient réunis en nombre pour les exercices du matin, et, là, je constatai avec chagrin combien l'obésité fait de ravages parmi ces hommes encore jeunes ; je distinguai notamment deux sous-officiers joufflus, ventrus, et absolument ridicules sous l'habit militaire. Leur vue excita ma bile, et je me disais qu'à la place du ministre de la guerre, j'exigerais de ces messieurs autre chose qu'un stage de vingt-huit jours. Tout réserviste obèse serait soumis à un système d'exercices gradués, de nature à le dégraisser, et on le retiendrait au régiment jusqu'à ce qu'il ait recouvré des proportions convenables et l'agilité nécessaire à un soldat. Le traitement serait dur, assurément, mais il est inadmissible qu'un Français trouve, dans son embonpoint, un moyen de s'exonérer de ses devoirs militaires, et toute condescendance de l'autorité supérieure, en pareil cas, deviendrait une faiblesse coupable, une trahison, une prime offerte à la gourmandise et à la goinfrerie. Je sais bien, mon cher confrère, que je m'expose à vous blesser par mes réflexions sur les hommes gras; telle n'est pourtant pas mon intention. N'attribuez ma boutade qu'à des sentiments bien naturels chez un médecin à l'égard d'une cause de maladies et de mort précoce, et au désir patriotique d'en préserver des hommes qui, pendant douze ans encore, sont tenus de servir et de défendre le pays.

Ma voiture prête, je me suis fait conduire à Polignac, village célèbre par les ruines colossales de son château, et à Espaly, dont le gros rocher basaltique, formant ce qu'on appelle les *Orgues d'Espaly*, est également visité des touristes. Je me dispenserai de vous décrire ces deux curiosités, ne me sentant aucune disposition à parler de choses que tout le monde connaît; j'espère vous intéresser davantage (peut-être parce que j'y trouve moi-même plus d'intérêt) en vous disant quelques mots des pierres précieuses que charrie avec une certaine abondance le ruisseau d'Espaly. Le Riou-Pézeliou (c'est le nom de ce ruisseau) coule sur des roches éruptives qui contiennent en grand nombre des zircons hyacinthes et des saphirs. La première de ces pierres est d'un rouge foncé et rappelle le grenat; la seconde, comme vous le savez, est, en général, d'un beau bleu de mer. Pendant les orages, les eaux du torrent triturent les roches de ses rives, et entraînent, vers Espaly, les pierres fines mêlées aux sables. Les habitants, qui connaissent aujourd'hui les richesses charriées par le Pézeliou, se portent en masse vers leur rivière, après ces orages, et ramassent à l'envi zircons et saphirs. La récolte est bonne, à en juger par la quantité de ces pierres que possède chaque maison ; malgré ce qui s'en vend, soit aux amateurs, soit peut-être aux lapidaires, chaque famille en possède encore des boîtes et des flacons qui en sont remplis. Pour 5 francs, j'ai fait l'acquisition d'un stock suffisant pour enrichir ma collection ; encore n'ai-je pas marchandé, j'aurais eu peut-être la même mesure pour 40 sous. Mes saphirs sont verdâtres et assez ternes, mais j'en ai vu chez un brasseur de l'endroit, le sieur Chacornac (un nom qui sent terriblement son Auvergne), quelques-uns d'un bleu superbe et d'une limpidité irréprochable. Je n'aurais pas mieux demandé que de m'en rendre acquéreur, mais la dame Chacornac avait trop conscience de leur valeur, et m'a fait des prix assez élevés pour me décourager.

La vue de ces jolies pierres m'amenait à réfléchir sur les immenses ressources de la nature, et sur la puissance de ses opérations chimiques. Quel laboratoire que le sien, et comme, d'un grain de poussière, elle peut, quand elle le veut, faire sortir une belle chose ! Qu'est-ce qu'un saphir au point de vue chimique? C'est tout bonnement de l'alumine, c'est-à-dire un des éléments de la terre glaise, et rien de plus. Eh bien, en soumettant des parcelles de cette substance à une chaleur de 1 000 degrés, qui est à peu près celle des laves brûlantes, elle en forme ce charmant joyau, dont la compagne de l'homme aimera éternellement à rehausser ses charmes. Ne croyez pas cependant, mon ami, que la nature seule ait le privilège de produire des saphirs, vous seriez dans l'erreur ; le chimiste est parvenu à surprendre le secret de sa fabrication, à imiter ses procédés, et vous n'oublierez pas que, vers 1850, Ebelmen, directeur de la manufacture de Sèvres, enlevé trop tôt à la science, avait réussi à obtenir artificiellement toute une série de pierres précieuses identiques aux pierres naturelles par leur composition chimique et leur éclat. J'étais jeune alors, et les progrès de la minéralogie me touchaient peu : je n'ai pas oublié cependant l'émotion ressentie à l'Académie des sciences quand Ebelmen lui communiqua son importante découverte. Il y a quelques années, je voyais au doigt de sa fille, ma cliente, un saphir d'une très belle eau qu'Ebelmen avait obtenu, par la voie sèche, dans les fours perfectionnés d'une des gloires de notre industrie contemporaine, M. Bapterosses.

Tout en accomplissant ma tournée de Polignac et d'Espaly, je n'avais pas, vous le devinez, mon cher confrère, négligé d'observer la constitution géologique du bassin du Puy, et n'avais pas été peu surpris d'y trouver la preuve qu'à une époque relativement récente, toute cette enceinte était occupée par une nappe d'eau douce. Les laves sorties du volcan d'Anis, qui domine la ville du Puy du côté de l'ouest, se sont épanchées sur des sédiments lacustres des plus évidents ; Espaly est surmonté par une butte calcaire de même origine, qu'on exploite pour la fabrication de la chaux ; enfin, des marnes vertes ou blanches, en couches réglées, apparaissent au bas de toutes les pentes de l'infundibulum où s'élève le Puy. Toutes ces observations réunies conduisent à la conviction que cette dépression du sol était, aux âges antérieurs, occupée par un lac, qui s'est écoulé vers la mer par la Loire, comme le lac de la Limagne s'est vidé par l'Allier ; et cela, soit par l'effet d'une rupture violente d'un des bords de l'enceinte, soit plutôt à la suite d'exhaussements lents du sol ou d'érosions séculaires, abaissant peu à peu les digues qui retenaient les eaux. Vous savez, en effet, que la jeune école géologique a rompu en visière avec la doctrine des révolutions brusques de Cuvier; pour elle, rien de violent, de subit, d'instantané, dans les changements qui se sont accomplis à la surface du globe, et de tout temps les causes de ces changements ont été identiques à celles qui agissent de nos jours, et produisent les modifications qui s'accomplissent sous nos yeux. Et, il faut bien le reconnaître, les progrès de la science, l'observation des faits, leur interprétation rigoureuse, tendent de plus en plus à justifier cette théorie, qui suffit pour rendre compte des phénomènes géologiques les plus importants, tels que le soulèvement des montagnes et le creusement des vallées. Que faut-il pour expliquer la formation des premières? Tout simplement que les mouvements ascensionnels du sol, que des exhaussements imperceptibles pour le commun des hommes, se continuent pendant un laps de temps suffisant; or, le soulèvement de certaines parties de nos continents est aujourd'hui un fait bien avéré. Prenons pour exemple, si vous le voulez, le cas, devenu classique, de la Scandinavie. Vous n'ignorez pas que cette péninsule subit un mouvement de bascule des plus remarquables; tandis que, vers le sud, elle plonge peu à peu dans la mer, son extrémité nord se soulève graduellement, et, d'après les calculs de Celsius, s'élève de $1^m,38$ par siècle au-dessus de la Baltique. Eh bien, mon cher ami, admettez que cet exhaussement du nord de la Suède persiste pendant dix siècles, les côtes situées aujourd'hui au niveau de l'eau seront portées à $13^m,80$ de hauteur. Supposez qu'il se poursuive pendant une centaine de siècles, et ces mêmes côtes seront devenues des collines hautes de 138 mètres. Au bout de mille siècles (période encore bien courte, imperceptible dans la vie du globe), elles auraient acquis 1 380 mètres, à peu près la hauteur des Vosges et des Cévennes. Et cependant, pendant cette longue suite d'années, les générations humaines se seront succédé, travaillant, s'agitant, guerroyant, sur ce sol incessamment soulevé, sans avoir le moins du monde conscience du mouvement remarquable qui s'y opère.

Pour en revenir aux lacs du Velay et de l'Auvergne, ne peut-on pas supposer qu'un soulèvement lent du bassin de ces lacs en a peu à peu déversé le contenu dans les vallées environnantes, puis dans la mer? Sans même invoquer ce soulèvement du sol, les érosions prolongées de la Borne, de la Loire et de l'Allier, en creusant le lit de ces rivières à travers les digues des deux grands lacs français, n'ont-elles pas pu vider insensiblement ces réservoirs? Pour concevoir ces effets, il suffit

d'invoquer une période assez longue pour permettre aux érosions d'a-
baisser au degré voulu les deux voies d'écoulement, et la géologie
moderne a une tendance marquée à ne pas compter avec le temps;
l'origine de notre terre lui paraît si reculée, que cent millions de siècles
sont pour elle quelque chose d'infiniment plus court qu'une minute
comparée à la durée de la vie humaine. J'abuse encore de votre bien-
veillante attention, mon cher ami, en vous accablant de mes dissertations géologiques; pardonnez-moi, je jouis de mon reste; encore quelques heures, et, pendant une année au moins, vous serez délivré de
toute divagation de cette espèce.

De retour au Puy, à midi, pour déjeuner, je prenais, à une heure, un
train qui devait m'amener ce soir à Saint-Étienne. Une demi-heure
après, j'étais rentré encore une fois dans la vallée de la Loire, que j'allais côtoyer jusqu'aux environs de Firminy, à travers une série de
tunnels, de tranchées, de viaducs, comme on n'en voit nulle autre part
en France. Le chemin de fer de Nîmes à Clermont-Ferrand par la vallée
de l'Allier n'offre pas lui-même de travaux d'art et d'accidents naturels
aussi nombreux, aussi importants, aussi variés. Le pays qu'on traverse
entre le Puy et Firminy est tout bonnement admirable; les gorges de
la Loire sont ouvertes, ici, dans le granite pur, sans mélange de roches
volcaniques; leurs versants, hauts de 300 à 400 mètres et plus, sont
d'une rapidité sans exemple ; quelques-uns sont à pic ou surplombent
au-dessus du fleuve. Mille ravins ouvrent leurs tranchées sur les deux
rives de la Loire, y déversant les torrents qui ont creusé ces profondes
entailles. Des buissons bas, des pins mal venants, des bois rabougris,
en un mot, la chétive végétation que comporte la faible épaisseur du
sol végétal, couvre les pentes et les hauteurs, et la verdure des feuil-
lages a pour effet d'égayer un paysage qu'une nudité absolue des montagnes rendrait trop sévère. Que ces gorges de la Loire sont belles
après le Puy, mon cher confrère, et de quel sentiment profond de sa
petitesse on est saisi quand, du fond du ravin, on élève le regard vers
ces monstrueux amas de rochers, dont la chute écraserait un convoi
entier d'êtres humains aussi facilement que notre pied le fait d'une colonne de fourmis dans une allée de jardin !

A Perthuiset la voie ferrée abandonne la vallée de la Loire, qui
perce vers le nord, et s'engage dans un long tunnel pour pénétrer dans
une contrée moins inégale et plus basse, où les usines métallurgiques
recommencent à fleurir, comme dans la vallée du Gier; villes et villages
s'y succèdent sans interruption jusqu'à Saint-Étienne. reine majes-

tueuse de ce centre industriel. C'est, en effet, une grande et belle ville, pleine d'animation, de mouvement et de travail; elle sue la prospérité et la richesse par tous les pores, et, le jour où elle voudra s'accorder un Louvre, un Panthéon, rien ne l'empêchera de le faire. Qu'elle se construise plutôt des fontaines publiques, une Bourse, des canaux, elle y trouvera plus d'avantages; c'est là, du reste, une vérité comprise généralement dans cette grande ville, où l'on rencontre le bon sens et la sagesse qui sont le propre des cités où l'on travaille.

Moi aussi, mon cher ami, je vais me remettre au travail; mes vacances de cette année sont terminées, et, dans une heure, un train rapide me ramène à Paris, satisfait d'ailleurs de ce que j'ai vu et de ce que j'ai fait dans mon voyage : quatre départements de la France visités, dont deux sillonnés bien complètement; 300 kilomètres parcourus à pied, à peu près autant faits par des moyens de locomotion divers; 150 échantillons géologiques nouveaux; 6 kilogrammes de ma personne semés sur les routes du Vivarais, ce n'est pas, je pense, un trop mince résultat pour vingt et un jours d'excursions.

Parvenu au terme de mon troisième et laborieux pèlerinage dans nos montagnes du centre, si vous me demandez, mon cher confrère, de formuler une opinion sur le mérite comparatif de l'Auvergne et des Cévennes, je confesserai mon embarras pour vous répondre, craignant d'émettre un jugement qui blesse la vérité et la justice. Mon avis est que ces deux régions de notre pays sont, toutes deux, très intéressantes, et fort belles; que, par des mérites divers, elles ont, l'une et l'autre, de quoi charmer à la fois le touriste, l'artiste et le naturaliste; que, cependant, dans les montagnes de l'Auvergne, l'architecture est plus sobre, plus grande et plus noble, mais que les Cévennes sont d'un style plus élégant et plus coquet. Dans cette dernière chaîne, la nature a prodigué les ressources de son ciseau, et les faces du monument sont mieux fouillées et plus brillamment ornées. L'Auvergne sera, si vous le voulez, le Panthéon; le Val-de-Grâce représentera mieux le Vivarais.

L'année prochaine, rendez-vous dans le Jura, si vous le voulez bien, mon cher confrère.

www.ingramcontent.com/pod-product-compliance
Lightning Source LLC
Chambersburg PA
CBHW051724090426
42738CB00010B/2069